Michael Ritter

Deutschdidaktik Primarstufe

Eine Einführung in die wissenschaftliche Auseinandersetzung mit dem sprachlichen und literarischen Lernen in der Grundschule

Titel: Deutschdidaktik Primarstufe

Cover- & Innen-Gestaltung: designritter (www.designritter.de)
Gedruckt auf umweltfreundlichem Papier (chlor- und säurefrei hergestellt)

Bibliografische Information der Deutschen Nationalbibliothek
Die Deutsche Nationalbibliothek verzeichnet diese Publikation in der Deutschen Nationalbibliografie; detaillierte bibliografische Daten sind im Internet über <http://dnb.d-nb.de> abrufbar.

ISBN 978-3-8340-2105-2

Schneider Verlag Hohengehren GmbH
73666 Baltmannsweiler

4. unveränderte Auflage, 2025
Printed in Germany
Druck: Format Druck, Stuttgart
Satz: designritter (www.designritter.de)

Michael Ritter

Deutschdidaktik Primarstufe

Eine Einführung in die wissenschaftliche Auseinandersetzung mit dem sprachlichen und literarischen Lernen in der Grundschule

Danksagung

Sehr herzlich möchte ich denen danken, die mich bei der Erarbeitung dieses Buches unterstützt haben: meinen Kolleginnen Dr. Alexandra Ritter, Dr. Sabine Kirchner und Dr. Nadine Naugk für die kritische Lektüre und die hilfreichen Hinweise und Vorschläge, den Hilfskräften Annika Werner und Lea-Katharina Gramzow für den genauen Blick aus studentischer Perspektive, den Designrittern Katharina und Johannes Ritter für das Gestaltungskonzept und den Buchsatz und dem Schneider Verlag Hohengehren für die Bereitschaft, meine Vorstellungen so umfassend umzusetzen.

Inhalt

Vorwort an die Studierenden

Professionalisierung

Am Anfang dieses Buches möchte ich kurz offenlegen, was die Grundidee und die Motivation darstellte, diese Einführung in die Deutschdidaktik zu verfassen. Ausgangspunkt ist ein Missverständnis, mit dem ich mich als Dozent im Rahmen der Lehrer*innenbildung immer wieder auseinanderzusetzen habe. Eine zentrale Erwartung an das Lehramtsstudium ist, dass Studierende davon ausgehen, dort zu lernen, wie man einen guten, zeitgemäßen und effizienten (Deutsch-)Unterricht plant und realisiert. Im Sinne einer Berufsausbildung soll das Lehramtsstudium die dafür notwendigen fachwissenschaftlichen, fachdidaktischen und erziehungswissenschaftlichen Grundlagen anwendungsorientiert vermitteln.

Die Irritation ist dann mitunter groß, wenn die universitären Lehrveranstaltungen dieser Erwartung nicht genügen; zumal die Studierenden mit einer zwölf- oder dreizehnjährigen eigenen Schulerfahrung ins Studium kommen und daher das Berufsfeld vermeintlich ausgezeichnet kennen. Tatsächlich ist diese Irritation jedoch kein Fehler des Handlungsraumes Hochschule. Das deutsche System der Lehrer*innenbildung sieht vor, dass im Studium, der sogenannten ersten Phase der Lehrer*innenbildung, die fachlichen Grundlagen erworben werden, die im Vorbereitungsdienst, der zweiten Phase, in Handlungskompetenzen überführt werden.

Theorie und Praxis

Das heißt nun keineswegs, dass sich das Studium auf die *graue Theorie* oder eben die *praxisfernen Luftschlösser* zurückziehen kann. Zu Recht stehen solche Lehrveranstaltungen in der Kritik, die sich nicht für die potenziellen Berufsfeldprobleme ihrer Studierenden interessieren und sich lediglich den Forschungsinteressen der Dozierenden widmen. Genauso wenig richtig ist aber der Umkehrschluss, dass es die Aufgabe des Studiums sei, die Studierenden anzuleiten, wie man Unterricht plant und realisiert. Zu unterrichten lernt man nicht im Hörsaal, sondern vor allen Dingen dort, wo Unterricht stattfindet und wo Expert*innen genau dieses Fachs vor Ort sind: im Handlungsraum der Schule. Das setzt allerdings voraus, dass grundlegende Einsichten in eben dieses Handlungsfeld gewonnen wurden, für die nun die Hochschule durchaus zuständig ist.

Der Gegenstand des Studiums des Unterrichtsfachs Deutsch ist es also, die strukturellen Logiken des Deutschunterrichts zu verstehen und systematisch über Unterricht nachdenken zu lernen. Dazu gehört einerseits, die fachwissenschaftlichen Grundlagen zu erwerben, z. B. was Sprache ist, was Schriftsprache von mündlicher Sprache unterscheidet und wie sich die Literatur als besondere Form der kulturellen Sprachverwendung beschreiben lässt. Andererseits gilt es Einblicke zu gewinnen, wie sich Kinder diese Gegenstände aneignen können und welche Unterstützungsangebote der Unterricht bereithält, diese Prozesse anzuregen und zu begleiten. Es geht im Studium also darum, den Deutschunterricht als Praxis fachlich zu erschließen und einen Einblick in die vielfältigen Themenbereiche und Aufgabenfelder zu gewinnen, in denen Deutschlehrer*innen als professionell Agierende kompetent sein müssen. Hier ist es gerade wichtig, nicht vorschnell nach den richtigen Vorgehensweisen zu fragen, sondern sich die Zusammenhänge und Konsequenzen bestimmter Einstellungen und Entscheidungen bewusst zu machen.

An diesem Anspruch sollte nach meinem Dafürhalten die fachdidaktische Lehre im Lehramtsstudium orientiert sein und diesem Anspruch fühlt sich auch das vorliegende Buch verpflichtet. Es möchte einführen in das wissenschaftliche Fachgebiet der Deutschdidaktik (für die Grundschule).

Reflexionskompetenz

Dieses Fachgebiet sollte man keinesfalls als eine *Theorie der Praxis* missverstehen. Aus der Professionalisierungsforschung ist bekannt, dass Lehrer*innen in ihrem Unterricht auf ganz andere Wissensbestände zurückgreifen, als auf das systematische wissenschaftliche Wissen der Pädagogik und der Fachdidaktik (vgl. Messmer 2014, 68 ff.). Dennoch stellt das fachliche Bezugsfeld der Deutschdidaktik wichtige Wissensbestände und Einsichten zur Verfügung, die grundlegend für die Entwicklung eines professionellen reflektierten Lehrer*innenhandelns sind.

Nun liegen bereits viele gut recherchierte Fachbücher zum Thema vor und es stellt sich die Frage, was gerade diese vorliegende Einführung auszeichnet. In den vergangenen Jahrzehnten hat sich das Wissen über das (schrift-)sprachliche und literarische Lernen in der Grundschule enorm ausdifferenziert. Das Fach hat sich in viele kleinere Teilgebiete aufgespalten und diese werden von ihren Bezugsdisziplinen – der Sprachwissenschaft, der Literaturwissenschaft, der Schrift- und Medienwissenschaft etc. – beeinflusst. So ist das Feld der Deutschdidaktik heute vielfältig und auch vielgestaltig, weil die einzelnen Teilgebiete mitunter Eigenlogiken entwickeln. Um angehenden Lehrer*innen einen Überblick zu geben, sind in den letzten Jahren verschiedene Handbücher und Einführungen entstanden. Diese sind oft entweder sehr ausführlich und differenziert gestaltet und bieten vertiefende Einblicke in die Fachlichkeit des Unterrichts, oder sie sind als Sammelbände konzipiert, in denen Fachleute zu den verschiedensten Teilgebieten eine überblicksartige Auskunft zum Stand der Diskussion geben. Beide Varianten von Büchern sind ausgesprochen hilfreich, um ein Verständnis der einzelnen Teilthemen zu entwickeln. Jedoch sind sie in Umfang und Informationsvielfalt gerade für Studienanfänger*innen oft schon zu ausführlich oder für die Entwicklung einer schlüssigen Vorstellung von Deutschdidaktik in sich zu wenig konsistent, um einen ersten, niedrigschwelligen und eher auf die grundsätzlichen Zusammenhänge ausgerichteten Zugang zum Thema zu finden.

Geltungsbereich

Das vorliegende Buch möchte genau das leisten. Es soll weniger ein Nachschlagewerk sein als ein Buch, das von Anfang bis Ende gelesen wird und ein erstes Grundverständnis dessen erzeugt, was der Gegenstand der auf die Grundschule bezogenen Deutschdidaktik ist; eine erste Sensibilisierung für die Aufgabenfelder des Lehrer*innenberufs im Fach Deutsch und seiner disziplinären Zusammenhänge. Deshalb wurde von mir der Versuch unternommen, die aus meiner Sicht wichtigsten Themenfelder und grundlegenden Begriffe in einer leicht lesbaren Form aufzubereiten und in ihrer Besonderheit, aber eben auch in ihren Zusammenhängen untereinander systematisch vorzustellen.

Keinesfalls bildet das Buch damit das hinreichende professionelle Fachwissen angehender Deutschlehrer*innen umfassend ab. Die Vertiefung und Erweiterung des Wissens ist eine Aufgabe des Studiums und aller noch folgenden Bildungsphasen im Zuge des lebenslangen Lernens. Insofern stellt das Buch bestenfalls einen Ausgangspunkt dar. Gleichzeitig kann und soll es auch dabei helfen, diesen Prozess der zunehmenden Erweiterung und Spezialisierung professioneller Kompetenz immer wieder zu ordnen und zu strukturieren. So kann die Lektüre hoffentlich auch am Ende des Studiums, im Vorbereitungsdienst und im Verlauf der darauffolgenden Berufskarriere zu einem systematischen Verständnis der Fachlichkeit des Deutschunterrichts beitragen. Wenn das gelänge, würde es mich als Autor sehr freuen.

Hinweise zur Struktur

In diesem Sinne wünsche ich bei der Lektüre interessante Einsichten. Zu betonen ist, dass das Buch eine Zusammenstellung der Themen enthält, die ich aktuell für zentral und grundlegend bedeutsam halte. Es versteht sich von selbst, dass andere Fachdidaktiker*innen hier andere Schwerpunkte setzen würden. Schon deshalb sollte die Lektüre dieses Buches nicht die einzige Fachlektüre im Themenfeld bleiben. Am Anfang werden mit dem bildungspolitisch zentralen Begriff der Kompetenz und dem Verhältnis von Mündlichkeit und Schriftlichkeit zentrale fachliche Bezugspunkte thematisiert. Die folgenden Kapitel orientieren sich an den großen sprachpraktischen Handlungsfeldern der Deutschdidaktik, wie sie sich in mehr oder weniger ähnlicher

Struktur auch in den *Bildungsstandards im Fach Deutsch* (KMK 2004) und in den *Lehrplänen* der Länder wiederfinden. Es folgt ein Kapitel, das in sehr knapper Form vier aktuelle Themenfelder der Deutschdidaktik des beginnenden 21. Jahrhunderts aufgreift. Schließlich endet das Buch mit einem Essay, der sich mit der in den Medien ausgetragenen öffentlichen Diskussion um die verschiedenen Lehrgänge zum Schriftspracherwerb beschäftigt. Hierbei geht es mir um zweierlei: Einerseits gehört aus meiner Sicht zur professionellen Kompetenz von Lehrer*innen, dass sie in der Lage sind, diese immer wiederkehrenden öffentlichen Diskussionen um Themen des schulischen Unterrichts – und insbesondere des Schriftspracherwerbs – einordnen und zu einer wissenschaftlichen Sicht auf das Thema in Bezug setzen zu lernen, um mit den plakativen Aussagen und dem damit verbundenen Druck, der auf die Schulen entsteht, sachgerecht umgehen zu können. Andererseits verdeutlicht gerade dieses öffentliche Interesse die Bedeutung einer wichtigen, oft eher vernachlässigten Selbstbildungsaufgabe angehender Lehrer*innen. Selbstbewusst und verantwortungsvoll kann in der Schule nur arbeiten, wer seine eigenen Positionen kennt und gegenüber Eltern und Schulaufsicht artikulieren kann. Es braucht reflektierte Argumente für das, was man selbst für guten Unterricht hält und in der Schule im Rahmen der eigenen Arbeit entwickelt. Nur wer diese hat, wird auch die Freiheit haben, gegen die Ängste und Bedenken einer um das Wohl ihrer Kinder bemühten Elternschaft einen Unterricht nach den eigenen Vorstellungen realisieren zu können. Denn Eltern und Schulverwaltungen brauchen (und verdienen auch), sollen sie eine moderne Pädagogik und Didaktik unterstützen, gute Argumente dafür, dass sie nicht Teil eines Versuchslabors sind, sondern dass ein moderner Unterricht auch sachlich und empirisch begründet werden kann.

Richtig oder falsch?

Schließlich sei betont, dass es in den wenigsten Themenfeldern des Deutschunterrichts eine klare Orientierung im Sinne einer *richtigen oder zeitgemäßen Methodik* gibt. Es klingt ein wenig platt, aber es gibt viele Möglichkeiten, Unterricht erfolgreich zu gestalten und verschiedene Kinder beim Lernen zu unterstützen. Insofern kommt es am Ende nicht auf die Frage an, für welche Fibel oder welches Leseförderprogramm man sich entscheidet, sondern ob Sie als Lehrer*innen in der Lage sein werden, die in diesen Konzepten ja begründet entwickelten Vorstellungen zum Lehren und Lernen im Deutschunterricht zu durchschauen, adäquat umzusetzen und an die jeweiligen Bedingungen in der eigenen Schulklasse anzupassen.

In seiner berühmten Schrift *Sisyphos oder die Grenzen der Erziehung* schreibt der Pädagoge Siegfried Bernfeld bereits 1925:

Sinn und Funktion der Pädagogik ist die Rationalisierung der Erziehung.
(Bernfeld 1925/2006, 15)

Genau darum soll es im Folgenden gehen: Über alle eigenen Erfahrungen und öffentlichen Verlautbarungen hinweg soll diese Einführung ihren Lesenden eine Vorstellung davon vermitteln, wie der theoretische Denkrahmen heute gespannt ist, mit dem man den Deutschunterricht systematisch erfassen kann. Vor diesem Hintergrund ist es dann auch möglich, in Auseinandersetzung mit einer in der Schule vorfindlichen Praxis des Deutschunterrichts (z. B. in Praktika oder im Vorbereitungsdienst) eigene professionelle Kompetenzen zu entwickeln.

Michael Ritter

Halle (Saale), im August 2019

Vorwort an die Kolleg*innen

Anspruch des Buches

Im Vorwort an die Studierenden habe ich versucht zu verdeutlichen, was aus meiner Sicht ein angemessener Anspruch an das vorliegende Buch sein kann und sollte. Wer sich monografisch an einer Einführung versucht, sollte klar präzisieren, worin deren Gegenstand besteht und wie dieser erschlossen wird. Das bedeutet gleichzeitig, auch die Begrenzungen und ggf. sogar Unzulänglichkeiten zu kennen, die eine solche Orientierung mit sich bringt.

Das vorliegende Buch versucht, in aller Kürze einen niedrigschwelligen Einblick in das Themenfeld der Deutschdidaktik (für die Grundschule) zu bieten. Das zeigt sich als ein dialektischer Anspruch, da es hier einerseits um fachliche Ausdifferenzierung gehen muss, gleichsam aber um die Herstellung von Zusammenhängen und Beziehungen zwischen den einzelnen Themen. Und das, ohne eine unzulässige Vereinfachung der Themen vorzunehmen und Ganzheiten in der Betrachtung herzustellen, die es so gar nicht geben kann. Es ist also ein schmaler Grat, den ich hier gewählt habe. In der Kürze versuche ich nicht, den sogenannten *Stand der Forschung* abzubilden, das wäre vermessen. Jedes der Themen, die ich hier auf wenigen Seiten anreiße, verdient eine ausführliche Besprechung, die jeweils Bücherregale füllen kann. Auf für mich und meine Sicht auf die Dinge zentrale Bücher verweise ich, ohne dabei einen Anspruch auf Vollständigkeit zu erheben. Den Fachexpert*innen der jeweiligen Themenbereiche wird das, was ich versuche darzustellen, an vielen Stellen zu stark reduziert sein. Das liegt sicherlich in der Natur der Sache und kann hoffentlich ausgleichend dahingehend überzeugen, dass ich versuche, einen in sich schlüssigen und für Noviz*innen nachvollziehbaren Einblick in das Fach zu bieten. Die Kürze war dabei eine besondere Herausforderung, die nicht den Eindruck erwecken darf, es handele sich dabei um die Essenz der Deutschdidaktik.

Systematische Denkrahmen

Doch zu klein muss man das Anliegen auch nicht reden. Denn gleichzeitig liegt in dem Bemühen natürlich auch der Versuch begründet, das eigene Verständnis des Fachgebietes in einer solchen Darstellung zu präzisieren und einen systematischen Denkrahmen aufzuspannen. Natürlich muss das ein oberflächlicher Versuch bleiben, aber gerade das bietet ein gewisses Potenzial, Zusammenhänge nicht nur sichtbar zu machen, sondern auch im Sinne einer Fachsystematik grob zu konzeptualisieren. Und damit könnte das Buch nicht nur eine interessante Ergänzung im Feld der vielen ausgezeichneten Hand- und Fachbücher darstellen, mit denen unsere Disziplin sich zunehmend im wissenschaftlichen Diskurs einen eigenen Stellenwert erarbeitet. Ggf. kann es auch zu einer inner- und interdisziplinären Diskussion beitragen, was denn die Deutschdidaktik fast 20 Jahre nach dem sogenannten PISA-Schock heute maßgeblich bestimmt.[1] An diesem Anspruch, der natürlich hochgradig subjektiv ausfallen muss, kann und soll der vorliegende Versuch auch als Diskursbeitrag gemessen werden. In diesem Sinne freue ich mich auf Reaktionen aus der Fachcommunity.

Michael Ritter

Halle (Saale), im August 2019

1 Entsprechende Versuche der Selbstverständigung sind immer wieder erkennbar, jüngst z. B. im von Elvira Topalović und Jan Standke moderierten Themenschwerpunkt *Deutschdidaktik 2000–2018. Debatten – Entwicklungen – Perspektiven der Mitteilungen des Deutschen Germanistenverbandes* (66 (2019) H. 1).

1. Die Deutschdidaktik zwischen Kompetenz-, Kultur- und Subjektorientierung

Was ist eine gute Deutschlehrer*in?

Deutschdidaktische Professionalität?

Die Deutschdidaktik ist wenigstens eine, wenn nicht sogar die professionelle Disziplin von Deutschlehrenden. Professionelles Handeln im Deutschunterricht muss also maßgeblich mit deutschdidaktischer Expertise in Beziehung zu setzen sein. Die Frage, was eine gute Deutschlehrer*in ist, ist sicherlich problematisch und eindeutig kaum zu beantworten. Dennoch kann es interessant sein, am Anfang dieser Überlegungen zu erfassen, woran Qualität im professionellen Handeln von Lehrkräften festgemacht wird. Ein markantes Beispiel berichtet der Schriftsteller Peter Bichsel, der sich an seinen eigenen Grundschuldeutschlehrer folgendermaßen erinnert:

> *Ich hatte einen [...] Klassenlehrer, der meine Aufsätze liebte und schätzte – trotz der 40 Rechtschreibfehler, trotz meiner Handschrift und meiner Klekse – er hat mein Talent unter dem Schutt meiner Legasthenie, unter dem Schutt meiner Linkshändigkeit für mich ein für allemal entdeckt. [...] Kein Bezirkslehrer und kein Mittelschullehrer konnte mich mehr von meiner Überzeugung abbringen, daß ich ein Schriftsteller sei. Die Befreiung durch meinen Primarlehrer war endgültig und unwiderruflich, und wer mir von da an in Deutsch schlechte Noten machte, dem begegnete ich achselzuckend oder gar mit Erbarmen.*
>
> (Bichsel zit. n. Siebenhüner 2000, 241; ähnlich auch bei Bichsel 1997, 37 f.)

Die Geschichte scheint dem hier besprochenen Deutschlehrer Bichsels Recht gegeben zu haben. Es ist wohl unstrittig, dass Bichsel ein herausragender Wortkünstler geworden ist und es ist tatsächlich zu vermuten, dass diese Befähigung wenigstens in Ansätzen auch bereits in den ersten Jahren seiner Schulzeit entwickelt und damit auch erkennbar war. Im vermeintlichen Widerspruch dazu stehen die Fähigkeiten des jungen Bichsel in den Lernbereichen Rechtschreiben und Handschreiben, in denen er offensichtlich nicht einmal den Anforderungen der Schule gerecht werden kann. Und hierher rührt die besondere Dankbarkeit, die Peter Bichsel seinem Deutschlehrer gegenüber empfindet. Diesem Lehrer gelingt es, die sprachlichen Entwicklungsfelder getrennt voneinander zu betrachten. Er kann die besondere Befähigung auf der einen Seite wahrnehmen und lässt sich von den problematischen Entwicklungen auf der anderen Seite nicht den Blick verstellen. Das hat zur Folge, dass Bichsel ein nachhaltig wirksames Zutrauen in seine eigenen sprachlichen Fähigkeiten entwickelte, das – so stellt er nicht ohne selbstironischen Unterton fest – von keiner noch so vernichtenden Aussage mehr zu erschüttern war.

Fähigkeit und Selbstkonzept

Für die hier aufgeworfene Frage nach der Qualität des Lehrer*innenhandelns kann dabei Folgendes herausgestellt werden: Keinesfalls sollte diese Erinnerung so missverstanden werden, dass es im Deutschunterricht der Grundschule lediglich auf die sprachlich-stilistische und inhaltliche Ebene des sprachlichen Handelns ankomme. Es ist davon auszugehen – oder wenigstens zu hoffen –, dass Peter Bichsels Lehrer dem jungen Bichsel durchaus seine Entwicklungsverzögerungen in den besprochenen Bereichen spiegelte und entsprechende Angebote zur Förderung unterbreitete. Gleichzeitig schaffte er das aber, ohne Verzweiflung oder Frustration im Hinblick auf die schulischen Anforderungen im Deutschunterricht entstehen zu lassen. Bichsel erfährt sich selbst als durchaus kompetenter Schreiber und entwickelt Selbstbewusstsein bezüglich seiner schriftsprachlichen Fähigkeiten. Auf diesen Aspekt des Lernens soll im Verlauf dieses Kapitels noch einmal verwiesen werden.

Worum geht es im Deutschunterricht?

Themenfelder

In den fachbezogenen Bildungsstandards der Kultusministerkonferenz (KMK), der den Lehrplänen der Bundesländer übergeordneten administrativen Vorgabe für die Ausgestaltung schulischer Bildung, steht zur Aufgabe des Deutschunterrichts:

Sprache ist Träger von Sinn und Überlieferung, Schlüssel zum Welt- und Selbstverständnis und Mittel zwischenmenschlicher Verständigung. Sie hat grundlegende Bedeutung für die kognitive, emotionale und soziale Entwicklung der Kinder. Aufgabe des Deutschunterrichts in der Grundschule ist es, den Schülerinnen und Schülern eine grundlegende sprachliche Bildung zu vermitteln, damit sie in gegenwärtigen und zukünftigen Lebenssituationen handlungsfähig sind.

(KMK 2004, 6)

Dieser kurze Absatz fasst ausgezeichnet zusammen, worin das Aufgabenfeld besteht. Sprache kommt in verschiedenen medialen Formen vor, als mündliche und schriftliche Sprache, zunehmend auch in intermedialen Zusammenhängen als dichtes Netz von Informationen, die auch bildlich-visuell (Grafiken, Abbildungen, Fotos, Filme) oder auditiv (Tondokumente) verarbeitet sein können. Zugang zur Sprache in möglichst allen diesen Ausprägungsformen ist eine der zentralen Grundlagen für die Entwicklung einer selbstständigen und handlungsfähigen Persönlichkeit. Nur wer mit Sprache umgehen kann, hat Zugang zu weiterführender Bildung und kann im Alltag die vielfältigen sprachlichen Handlungsanforderungen bewältigen. Doch Sprache ist eben nicht nur ein Werkzeug zur Bildung und Alltagsbewältigung. Sprache ist das Medium, in dem Menschen ihre Umwelt verstehen, ordnen und sich selbst dazu in ein Verhältnis setzen. Sprache ist der Code, in dem Welt- und Selbstbilder abgelegt werden. Sprachlich differenziert sich die Erlebnisfähigkeit, die kognitive Leistung und das Verständnis kultureller Formen. Sprache ist damit ein zentrales Mittel grundlegender Bildung, das sich in einem Spannungsverhältnis von Persönlichkeitsentwicklung und Kulturaneignung bewegt.

Ambivalenzen

Welche Ambivalenzen das aufwerfen kann, ist wohl selten so eindringlich beschrieben worden, wie von dem chilenischen Schriftsteller und Literaturnobelpreisträger Pablo Neruda. Das Medium seiner Kunst und der Entfaltungsraum seiner Fantasie ist eben die gleiche Sprache, die die spanischen Eroberer bei der brutalen Unterwerfung Südamerikas mitbrachten. Sie ist gleichzeitig ein Mahnmal für die Grausamkeit und Unmenschlichkeit der Kolonialisierung durch die Europäer als auch der Stoff, aus dem Neruda seinen hauchfeinen Sprachgebilde webt.

Mit Riesenschritten durchwanderten sie die gewaltigen Kordilleren, die verwilderten Amerikas, auf der Suche nach Kartoffeln, nach Preßkopf, Bohnen, schwarzem Tabak, Gold, Mais, Spiegeleiern – mit jenem Heißhunger, den die Welt nie mehr erlebt hat ... Alles haben sie verschlungen, Religionen, Pyramiden, Volksstämme, Abgötterei gleich der, die sie in ihren großen Taschen trugen ... Wo sie auftraten, hinterließen sie verheerte Erde ... Doch von den Stiefeln der Barbaren, von den Bärten, den Helmen, den Hufen fielen wie Kiesel die leuchtenden Wörter, die uns blieben, funkelnd ... die Sprache.

Am Ende verloren wir ... Am Ende gewannen wir ... Sie nahmen Gold und ließen uns Gold ... Sie nahmen alles und ließen uns alles. Sie ließen uns die Wörter.

(Neruda 2003, 71 f.)[2]

Auch wenn man kein so eindringliches Verhältnis zur Sprache aufbaut, ist es doch so, dass die Sprache bei der Entfaltung eines Bewusstseins eine zentrale Rolle spielt. Der Philosoph Ludwig Wittgenstein stellt pointiert in seinen *logisch-philosophischen Abhandlungen*

2 Der Ausschnitt vermittelt nur einen vagen Eindruck der poetischen Kraft, die Neruda der Sprache seiner Heimat zuweist. Es empfiehlt sich die Lektüre dieser gesamten Miniatur (vgl. Neruda 2003, 70 f.). Der Abschnitt wurde allerdings in sich nicht gekürzt, die Abbrüche und durch die Punkte angedeuteten Auslassungen sind auch bei Neruda zu finden.

fest: „Die Grenzen meiner Sprache bedeuten die Grenzen meiner Welt." (Wittgenstein 1921, Satz 5.6) Was das bedeutet, hat auf radikale Weise der Schriftsteller George Orwell in seinem dystopischen Roman *1984* (Orwell 1949) ausbuchstabiert. Mit dem dort entwickelten linguistischen Ansatz der Sprachvariante *Neusprech* versucht die totalitäre Staatsmacht oppositionelle Vorstellungen schon dadurch zu verhindern, dass sie sprachlich nicht mehr abgebildet werden können.

Sprache und Persönlichkeit

Nicht jede*r mag eine solche Beziehung zur Sprache und zur Schrift entwickeln, und doch zeigt sich in diesen herausgehobenen Aussagen von sprachaffinen Menschen eine allgemeine Charakteristik: Sprache ist der Schlüssel zur Entwicklung einer eigenen Persönlichkeit, die sich ihrer selbst bewusst ist, Zugang zu ihrer Umwelt hat – zu den Mitmenschen wie auch zur gemeinsam geteilten Kultur – und an den gemeinsamen sozialen und kulturellen Angeboten ihrer Umwelt partizipiert bzw. diese aktiv und selbstbestimmt mitgestaltet.

Im Deutschunterricht geht es also um viel mehr als nur um den Erwerb technischer Fähigkeiten beim Sprechen, Zuhören, Schreiben und Lesen. Ziel ist eine umfassende sprachliche Grundbildung, die diese eben besprochenen Prozesse anregen und unterstützen kann (Abb. 1).

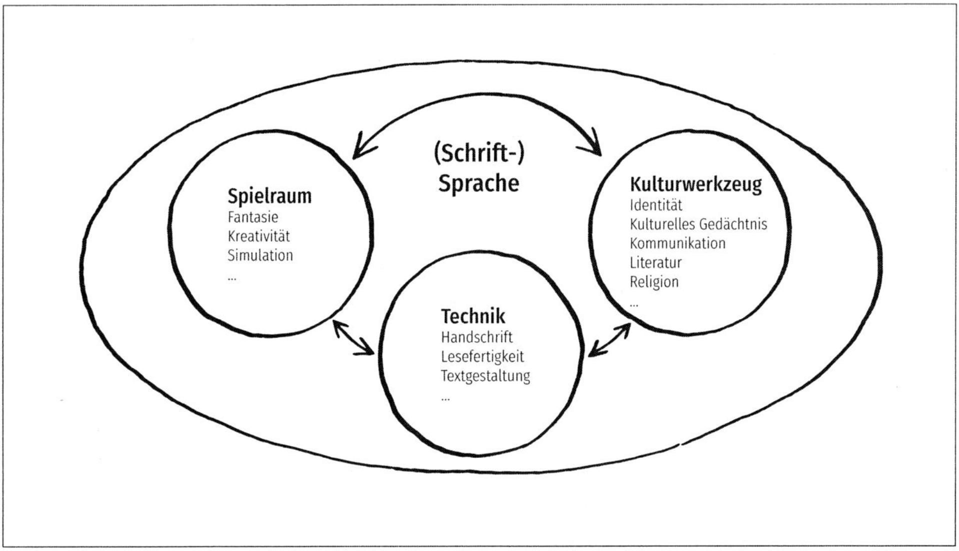

Abb. 1: (Schrift-)Sprache als Gegenstand grundlegender Sprachbildung in der Grundschule

Dazu gehört natürlich auch der Erwerb ganz grundlegender sprachpraktischer Fähigkeiten wie z. B. die Entwicklung eines angemessenen

Wortschatzes, die Fähigkeit, Sprache orthografisch zunehmend korrekt aufzuschreiben und schriftliche Texte lesend zu entschlüsseln; aber eben auch, Sprache als Spielraum für Fantasie und Kreativität zugänglich zu machen und damit auch ihre Funktion als Kulturwerkzeug für die Entwicklung von Identität, Kommunikationsfähigkeit, literarischer Bildung, kulturellem Gedächtnis etc. zu erschließen. All das umfasst der in den Bildungsstandards formulierte Passus einer *grundlegenden sprachlichen Bildung* und dieser Anspruch zeigt damit auch deutlich, wie breit das Aufgabenfeld dieses Unterrichtsfachs eigentlich bemessen ist.

Leistung erkennen

Leistung

Das klingt mit Blick auf die grundlegenden Zugänge zur Sprache im Deutschunterricht der Grundschule kaum realistisch. Jedoch hat schon das Beispiel von Peter Bichsel gezeigt, welche Entwicklungspotenziale ein Perspektivenwechsel bei der Beurteilung von Leistung hervorbringen kann. Das kann auch eindrücklich an einem etwas jüngeren Beispiel[3] vorgeführt werden.

In einer zweiten Grundschulklasse arbeiten 24 Schüler*innen am Bilderbuch *Wenn ich eine Katze wäre ...* von Eduardo Bardella Rapino und Mattheo Gubbelini (2008).[4] In dem Buch wird in kurzen Sequenzen durchgespielt, was wäre, wenn man eine Katze, eine Ameise oder ein anderes Tier wäre. Jedem Tier ist eine Doppelseite gewidmet, auf der in kurzer, poetisch-dichter Sprache und malerischen Bildern in abgedunkelten Farben zu lesen und zu sehen ist, wie sich die Künstler die Existenz als Tier vorstellen. Begonnen wird das Gedankenspiel auf jeder Seite mit einer immer wiederkehrenden Formulierung: „Wenn ich wie ein ...".

Vorstellungen versprachlichen

Die Schüler*innen der zweiten Klasse hören und betrachten das Buch im Rahmen einer Vorleselektüre. Im Anschluss wird im Sitzkreis diskutiert: Was ist den Kindern in Erinnerung geblieben? Was hat sie besonders beeindruckt, erstaunt oder irritiert? Und weiter: In welches Tier würden sie sich gern verwandeln? In der Sitzkreismitte stehen Spielzeugtiere. Die Kinder dürfen sich nun ein eigenes Tier auswählen und am Arbeitsplatz dazu einen eigenen kurzen Text schreiben. An der Tafel steht als Vorschlag der am Buchtitel orientierte Satzanfang: „Wenn ich ein ... wäre, ...", den die Schüler*innen für ihrer eigenen Texte nutzen können.

---

3 Alle nicht anders ausgewiesenen Unterrichtsbeispiele stammen aus der Unterrichts- oder Forschungspraxis des Autors. Alle Namen wurden anonymisiert.

4 Das Bilderbuch ist vergriffen, der Friedrich-Verlag hat 2016 allerdings eine preiswerte Ausgabe als Schullektüre veröffentlicht: https://www.friedrich-verlag.de/shop/wenn-ich-eine-katze-ware (02.04.2019).

Pascal schreibt folgenden Text (vgl. auch Abb. 2):

Wenn ich ein Frosch wäre, hätte ich die Fliegen eingefangen. Und ich hätte getaucht und ich hätte unter Wasser einen Looping gemacht.

Pascal (2. Schuljahr, August)[5]

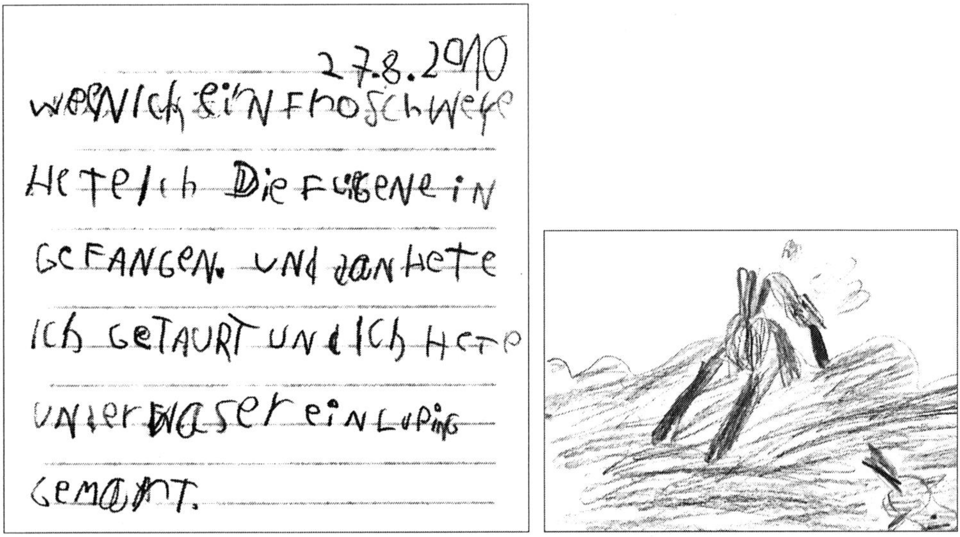

Abb. 2: Pascals Text: Wenn ich ein Frosch wäre, ... (2. Schuljahr)

Ein Blick auf das von Pascal gezeichnete Bild und den kurzen Text verrät eine Menge über den Zweitklässler. Pascal verleiht seiner Begeisterung für das Gedankenexperiment sprachlich Ausdruck. Er übernimmt den vorgeschlagenen Satzanfang, setzt das von ihm gewählte Tier ein und beginnt sachbezogenen mit einer Überlegung zu einem elementaren Thema, der Ernährung. Dann erschließt er die neu gewonnen Verhaltensmöglichkeiten, indem er sich dem Tauchen zuwendet, was ihn offensichtlich so begeistert, dass er sich vorstellt, unter Wasser einen Looping zu machen. Die Sprache wird von Pascal hier erfolgreich als gedanklicher Spielraum für die Vorstellungsbildung und zur Anbahnung von Perspektivenübernahme genutzt. Pascal denkt sich in eine alternative Daseinsform hinein, die er nur aus der Außenperspektive kennt. Das spielerisch-übermütige Bild des Loopings zeigt, dass Pascal hierbei nicht sachlich-distanziert vorgeht, sondern sich in

5 Sofern nicht anders ausgewiesen, sind die transkribierten Kindertexte auch orthografisch den Konventionen des Schriftdeutschen angepasst, ansonsten aber sprachlich und stilistisch nicht verändert worden.

die Situation hineinfantasiert und sich auch emotional beteiligt. Seine Sprachproduktion ist damit Ergebnis eines komplexen gedanklichen Experiments in sprachlicher Form, das er mit großem Engagement aufs Papier bringt.

Leistung erkennen

Natürlich kann man mit Blick auf den Text, insbesondere dem Faksimile (Abb. 2), auch andere Perspektiven auf Pascals Text entwickeln. Neben der Ungenauigkeit beim Tempusgebrauch im Konjunktiv II (<hätte> statt <würde>) zeigen auch das Schriftbild und Pascals Orthografie deutlichen Entwicklungsbedarf. Während die Orthografie allerdings weitgehend altersgemäß entwickelt ist (vgl. Kap. 5), offenbart das Schriftbild eine große Unsicherheit bei der Entwicklung einer geläufigen Handschrift. Die Buchstabenformen sind vielfach schwer zu erkennen und die Orientierung an der Lineatur gelingt nur ansatzweise.

Die Einschätzung von Pascals Arbeitsergebnis fällt also sehr differenziert aus. Auf unterschiedlichen sprachlichen Handlungsebenen zeigt Pascal unterschiedliche Leistungen. Diese zu beschreiben ist eine zentrale Voraussetzung dafür, ihm im weiteren Verlauf angemessene Lernangebote unterbreiten zu können. Dennoch leiten sich die Lernangebote nicht unmittelbar aus den gezeigten Leistungen ab. Denn zu klären ist dazu erst einmal, inwiefern es Beziehungen zwischen den verschiedenen Beobachtungen gibt, die für Pascals Entwicklung relevant sein könnten.

Kompetenzen im Deutschunterricht

Etwa seit der Jahrtausendwende spielt in den verschiedenen Fachdidaktiken der Kompetenzbegriff eine zentrale Rolle, der das Ziel schulischer Bildung genauer definieren soll. Nach Franz E. Weinert versteht man unter Kompetenzen

> *die bei Individuen verfügbaren oder durch sie erlernbaren kognitiven Fähigkeiten und Fertigkeiten, um bestimmte Probleme zu lösen, sowie die damit verbundenen motivationalen, volitionalen und sozialen Bereitschaften und Fähigkeiten, um die Problemlösungen in variablen Situationen erfolgreich und verantwortungsvoll nutzen zu können.*
>
> *(Weinert 2001, 27 f.)*

Kompetenz

Der Kompetenzbegriff umfasst also mehr als die traditionellen Begriffe *Wissen und Können*, da hier eher auf die Persönlichkeit der Lernenden abgezielt wird. Betont wird, dass Handlungsfähigkeit nicht nur die Kenntnis bestimmter Inhalte voraussetzt, sondern auch bestimmte Fähigkeiten zum kompetenten Umgang mit dem Wissen wie auch die persönliche Einstellung zum Gegenstand hat.

Bezogen auf das Beispiel kann man in diesem Sinne feststellen, dass es im Fall von Pascal um die Einschätzung seiner Schreibkompetenz geht, die natürlich in verschiedene Teilkompetenzbereiche untergliedert werden kann (Textaufbau, Formulierung, Rechtschreibung, Handschrift, etc.). Dazu gehören verschiedene Wissensbestände wie das Wissen um den Aufbau eines Textes, um die passende Wortwahl und geeignete Wendungen, orthografische Regularien etc., aber auch die Fähigkeit, diese bei der Erarbeitung eines eigenen Textes zur Realisierung einer Textidee wortwörtlich zur Sprache zu bringen. Schließlich gehört dazu auch die Erfahrung, dass das Schreiben einer inneren Vorstellung Ausdruck verleihen kann, womit die Möglichkeit einhergeht, diese Idee für sich selbst sprachlich zu entfalten, anderen zum Lesen zu geben und zugänglich zu machen und eine Reaktion bei den Adressat*innen auszulösen. Das Schreiben wird damit zu einer persönlich bedeutsamen Tätigkeit, die dem Schreibenden wichtig ist und mit der ein hohes Maß an Selbstwirksamkeit verbunden wird. Eva Maria Kohl formuliert das folgendermaßen:

Schreibkompetenz ist mehr als die Einsicht in die Verbindlichkeit der Norm unserer Schriftsprache. Wer gern schreibt, hat erfahren, dass Schreiben für ihn persönlich bedeutsam ist. Schreibmündigkeit beginnt dort, wo die Konfrontation mit der Norm der Schriftsprache nicht mehr zu Schreibblockaden führt. Schreibkompetent zu sein heißt, das eigene Schreiben selbst zu bestimmen und selbst verantworten zu wollen und zu können.

(Kohl 2005, 24)

Es wird also deutlich, dass bei der Einschätzung von Pascals Kompetenzen und bei daran anknüpfenden Überlegungen zur bestmöglichen Förderung mehr als nur die Einschätzung der individuellen Fähigkeiten in den Blick geraten sollte.

Kritische Perspektiven

Um das nun systematisieren zu können, lohnt sich ein kurzer Exkurs in die Lesedidaktik. Seit Anfang der aktuellen Kompetenzdiskussion im Umfeld der ersten *PISA-Studie* im Jahr 2000 (vgl. Deutsches PISA-Konsortium 2001) gibt es starke Debatten um die Frage, wie ein Modell der Lesekompetenz detailliert ausgearbeitet werden könnte. Zur Diskussion stehen eher kognitionspsychologische Ansätze, die den Schwerpunkt auf die kognitiven Fähigkeiten legen (Lesen als Informationsverarbeitung: Informationen entnehmen, kombinieren und reflektieren) und Ansätze der Lesesozialisationsforschung, die stärker darauf hinweisen, dass neben diesen Schwerpunkten u.a. auch die motivationale und emotionale Beteiligung und die soziale

Situation des Lesens eine zentrale Rolle[6] spielen. In ein für die didaktische Reflexion sehr gut nutzbares Modell haben das Cornelia Rosebrock und Daniel Nix überführt (Abb. 3).

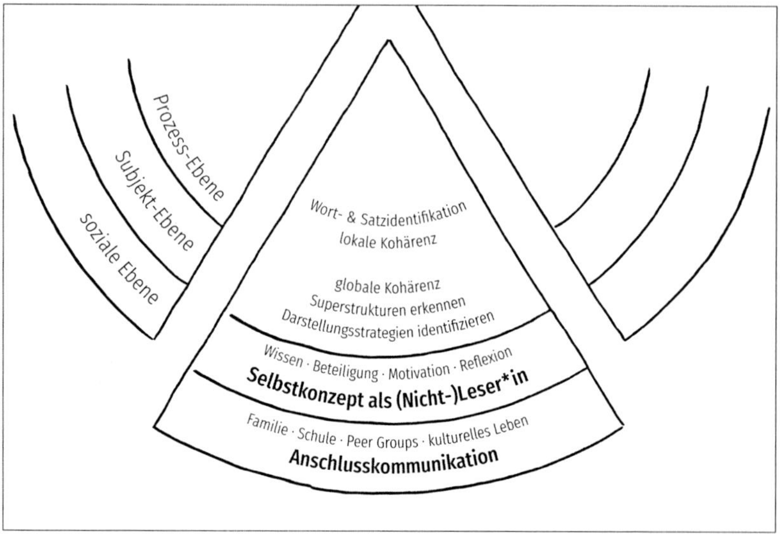

Abb. 3: Das Mehrebenenmodell der Lesekompetenz (nach Rosebrock/Nix 2015, 15)

Rosebrock und Nix modellieren die Lesekompetenz auf drei Ebenen, die miteinander in Beziehung stehen. Die Lesekompetenz als Ganzes wird als Ausschnitt eines Kreises gedacht, der noch andere Kompetenzbereiche der Sprache umfasst. Demnach wird die Lesekompetenz hier als Teil eines größeren Kompetenzclusters begriffen. Wichtig ist, dass es sich bei den drei Ebenen um Ausschnitte aus drei Kreisbereichen handelt, einem Innenkreis in der Spitze und zwei weiteren, die den Innenkreis umschließen.

Ebenen der Kompetenz

Im Kern dieses Kompetenzmodells auf der sog. *Prozessebene* befinden sich die kognitiven Anforderungen, die das Lesen mit sich bringt. Hier werden die typischen Bereiche aufgeführt: Lesende müssen Wörter entschlüsseln, Informationen verarbeiten und Textstrukturen durchschauen können (vertiefend vgl. Kap. 6). Diese Fähigkeiten, die die Realisierung konkreter Leseprozesse ermöglichen, stehen aber in Beziehung zur sog. *Subjektebene* der Lesekompetenz. Hier steht die Frage im Mittelpunkt, welche Haltung Lesende dem Lesen gegenüber entwickeln. Sind sie motiviert, die Herausforderungen von Lesesitua-

6 Die Darstellung dieser für die aktuelle Deutschdidaktik zentralen Diskussion würde den hier zur Verfügung stehenden Rahmen sprengen, es sei aber auf die sehr lesenswerten Grundlagenbeiträge von Bettina Hurrelmann (2002 & 2010) verwiesen.

tionen anzunehmen? Wie intensiv findet die Vertiefung in die Textlektüre statt und wie groß ist die Bereitschaft und Befähigung, über den Text im Folgenden nachzudenken? Das hängt maßgeblich vom sog. lesebezogenen Selbstkonzept ab. Wenn Lesende eine positive Haltung zum Medium Schrift aufbauen, sich selbst als potenzielle Leser*innen einschätzen, werden sie auch konkrete Leseprozesse engagierter in Angriff nehmen und damit auch intensiver Lesen. Das wiederum dürfte sich positiv auf die Weiterentwicklung der kognitiven Fähigkeiten auf der Prozessebene auswirken. Den äußeren Rahmen dafür bilden die *sozialen Kontexte*, in denen das Lesen stattfindet. Wachsen Kinder in einer lesebezogen anregungsreichen Atmosphäre auf, weisen Bildungssituationen Gelegenheiten auf, nicht nur zu lesen, sondern auch vielfältige Ausprägungsformen von Texten und Literatur zu erleben und gemachte Erfahrungen zu teilen (über die Lektüre ins Gespräch kommen). Dann können solche Situationen die positive Haltung zum Lesen weiter stärken und auch durch die Auseinandersetzung mit Texten zur weiteren Ausprägung der kognitiven Fähigkeiten auf der Prozessebene beitragen. Andererseits brauchen vielfältige Formate der Leseförderung im sozialen Kontext auf Seiten der Kinder auch kognitive Fähigkeiten. Wenn im Zuge einer Lesenacht zwar in einer heimeligen Atmosphäre gelesen werden darf, aber die Lektüre die eigenen Lesefähigkeiten überfordert, kann das wiederum zu negativen Einstellungen, also auch zu ungünstigen Auswirkungen auf das lesebezogene Selbstkonzept führen.[7]

Die besondere Leistung dieses Kompetenzmodells liegt darin, dass es darauf verweist, dass die Fähigkeiten, Einstellungen und die äußeren Faktoren im Lernumfeld des Lesens eng miteinander zusammenhängen. Keine der Ebenen ist unabhängig zu denken und die Förderung der Lesekompetenz muss alle Ebenen im Blick behalten, die sich untereinander beeinflussen. Dieses Grundverständnis des Kompetenzbegriffs kann auch auf andere Lerngegenstände übertragen werden, z. B. die bereits am Beispiel von Pascal diskutierte Schreibkompetenz (Abb. 4).

Individuelle Leistungen

Hier kann nun in differenzierter Form Pascals oben beschriebene Leistung in den Blick genommen werden. Die Auswertung der Leistungen auf der Prozessebene war schon angedeutet worden. Hier zeigen die verschiedenen sprachpraktischen Bereiche sehr unterschiedliche Ergebnisse. Während die basalen Fähigkeiten wie Handschrift und Orthografie noch stark ausbaufähig erscheinen, bewältigt Pascal die

7 Die Darstellung am Beispiel der Lesekompetenz kann hier nur sehr verkürzt und exemplarisch stattfinden und wird im Kapitel 6 vertieft.

Strukturierung seines kurzen Textes und die Darstellung einer eigenen Textidee souveräner. Wichtig ist aber, dass Pascals Schreibprodukt auf eine starke emotionale Beteiligung und damit zusammenhängend auf eine ausgeprägte Motivation hinweist. Pascal scheint bereits selbstbewusst auf seine eigenen Schreibfähigkeiten zu blicken und diese auch im sozialen Kontext zur Gestaltung eigenständiger Textproduktionen anzuwenden. Damit scheint es zielführend, genau diese Beobachtung zum Ausgangspunkt einer Förderung zu machen. Pascal als selbstbewusster Schreibender kann seine Schreibprodukte im sozialen Umfeld seiner Schulklasse präsentieren (soziale Ebene). Dafür soll der Text nicht nur in einer Entwurfsfassung (Abb. 2) vorliegen, sondern in eine präsentierfähige Form überführt werden.

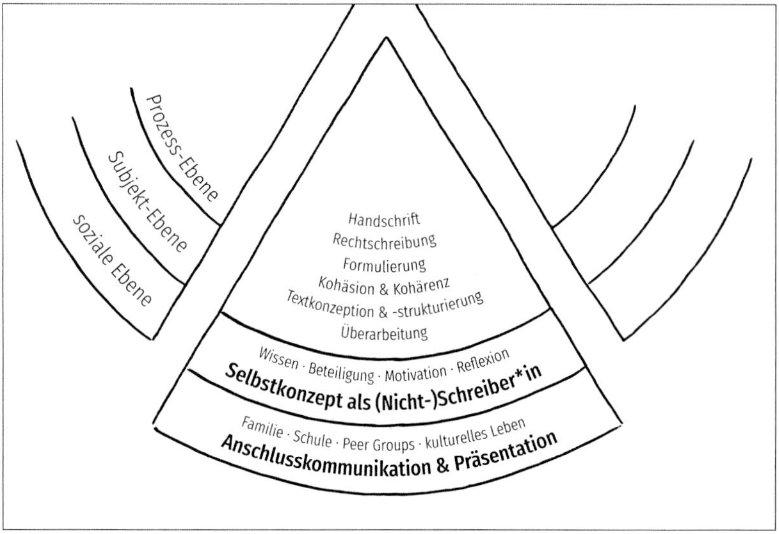

Abb. 4: Das Mehrebenenmodell der Schreibkompetenz (nach Ritter 2015, 10)

Die Überarbeitung des Textes, z. B. hinsichtlich der orthografischen Korrektheit, aber ggf. auch hinsichtlich grammatischer und inhaltlicher Fragen und eine Überführung in eine gut lesbare und ästhetisch ansprechende Form (Reinschrift oder Computerabschrift) sind logische nächste Arbeitsschritte, die Pascals Arbeitsleistung und seinen Text würdigen, ihm Bedeutung zumessen und seine Weiterentwicklung sinnvoll begründen. Möglich wird diese Aufgabe, weil Pascal prinzipiell eine positive Einstellung zum Schreiben zu haben scheint (Subjektebene), die jetzt als Ausgangspunkt für die Weiterentwicklung seiner Schreibfähigkeiten auf der Prozessebene genutzt werden kann.

Ein vorläufiges Fazit: Didaktik des sprachlichen Handelns

Schaut man in die je nach Bundesland verschiedenen Lehrpläne für den Deutschunterricht in der Grundschule, so ergibt sich ein relativ vergleichbares Bild. In der Regel differenzieren sie den Deutschunterricht nach Lernbereichen, die in Anlehnung an die bereits oben zitierten *Bildungsstandards im Fach Deutsch* für die Primarstufe (KMK 2004) mehr oder weniger sinngemäß mit den sehr allgemeinen Begriffen *Sprechen und Zuhören, Schreiben, Lesen – mit Texten und Medien umgehen* und *Sprache und Sprachgebrauch untersuchen* überschrieben werden. Damit kann ein geeigneter Überblick über die Gegenstandsbereiche des sprachlichen und literarischen Lernens im Deutschunterricht der Grundschule gegeben werden. Diese Vereinfachung darf aber nicht den Eindruck erwecken, das Lernen im Deutschunterricht richte sich ausschließlich auf technische Aspekte der Sprachbeherrschung. Vielmehr zeigt sich die Sprachbildung als ein komplexes Beziehungsnetz mit Verbindungen zu anderen Bereichen der Persönlichkeitsentwicklung und Kulturaneignung. Dem Deutschunterricht kommt dabei eine umfassende Bildungsfunktion zu. Dieser Anspruch wird in den folgenden Kapiteln mehr und mehr zu konkretisieren sein.

Sprachliches Handeln

Gleichzeitig konnte herausgestellt werden, dass der Erwerb sprachbezogener Kompetenzen ein Prozess ist, der nicht nur Wissen und Fertigkeiten in den Blick rückt. Es geht ebenso um einen Einstellungserwerb, den Aufbau eines Selbstkonzeptes als Sprachnutzer*in. Daraus leiten sich didaktische Konsequenzen ab. Sprachbezogene Fähigkeiten sind nicht nur zu entwickeln, sie müssen auch sinnvoll ineinandergreifen und in die Persönlichkeitsentwicklung eingebettet sein.

So können nun allgemeine Zielstellungen für den Deutschunterricht in der Grundschule auf allen drei Ebenen der Kompetenzentwicklung präzisiert werden:

Entwicklung auf allen Ebenen

- **Prozessebene:** Aneignung kognitiver Fähigkeiten im Umgang mit Sprache und Schrift
- **Subjektebene:** Entwicklung eines stabilen (schrift-)sprachbezogenen Selbstkonzeptes
- **Soziale Ebene:** Erfahrungen mit Sprach- und Schriftgebrauch in vielfältigen sozialen und kulturellen Kontexten in der Familie, der Schule, der Peergroup und Teilhabe an einer schriftkulturellen Praxis

Nach Aussage der Bildungsstandards ist das Ziel der grundlegenden Sprachbildung die Entwicklung von Handlungsfähigkeit der Lernenden. Letztendlich gehen die Ansprüche an den Deutschunterricht genau in diese Richtung: Auch wenn für die Vermittlung und Übung sprachbezogener Kompetenzen mitunter künstliche Unterrichtssituationen vonnöten sein mögen, steht doch die (Schrift-) Sprache als Handlungsraum und kulturelle Praxis im Mittelpunkt des Unterrichts. In der Schule sollen Kinder nämlich nicht primär das Rechtschreiben und Textlesen lernen, sondern sie sollen vorbereitet werden auf sprachliche Herausforderungen der Zukunft. Und erworben werden diese primär an eben solchen Sprachhandlungssituationen, die in die Gegenwart der Lernenden übertragen werden. Dezidiert heißt das nach einem solchen Verständnis: Schreiben lernen die Kinder beim Verfassen eigener Texte, Lesen beim Lesen selbstgewählter Medien, Sprachreflexion ergibt sich im Rahmen eigener Erfahrungen – z. B. wenn Kinder beim Sprechen, Schreiben oder Lesen auf bestimmte Phänomene stoßen. Das Rechtschreiben und Textlesen sind wichtige Bausteine dieser Sprachhandlungskompetenzen, die gelernt und verinnerlicht werden müssen, aber eben als dienende und untergeordnete Teilfähigkeiten zur Realisierung der sprachpraktischen Anforderungen. Dass in diesem Kontext auch die Sprachreflexion und das Üben eine wichtige Rolle im Unterricht spielen, sollte nicht aus dem Blick geraten. Doch sind nicht-funktionale Formen des sprachlichen Handelns wie das Nachdenken über sprachliche Eigenarten und das Üben eben nur ein Mittel zum Zweck, um die konkrete Erfahrung des persönlich bedeutsamen Sprachgebrauchs zu stützen.

5 didaktische Prinzipien

Horst Bartnitzky formuliert für eine solche *Didaktik des sprachlichen Handelns* fünf didaktische Prinzipien (vgl. Bartnitzky 2011, 13 f.):

- Kompetenzentwicklung
- Situationsbezug
- Sozialbezug
- Bedeutsamkeit der Inhalte
- Sprachbewusstheit

Diese schaffen einen guten Rahmen, um die Übersicht im Unterricht nicht zu verlieren. In den folgenden Kapiteln werden sie immer wieder aufgegriffen werden. Hier soll zum Abschluss dieses Kapitels der Bezug zum anfangs zitierten Peter Bichsel reichen, der genau davon berichtete: Von der Wirkmacht der sozialen Situation, die im Selbstwirksamkeitserleben eine hohe Bedeutsamkeit der Inhalte und des eigentlichen Tuns erzeugte und eine Bewusstheit für die persönlichen Fähigkeiten hervorbrachte; und in diesem Kontext auch unter schwierigen Bedingungen das schulische Lernen nicht zur Barriere für die individuelle Entwicklung des Schriftstellers werden ließ.

Zum Weiterdenken

1) Recherchieren Sie im Internet. Was können Sie dort auf den Seiten der Presse und in anderen Foren über den Deutschunterricht nachlesen? Was beschäftigt die Öffentlichkeit? Inwiefern unterscheidet sich diese Perspektive von dem hier vorgeschlagenen Blick auf das sprachliche und literarische Lernen im Deutschunterricht?
2) Beschäftigen Sie sich mit der Diskussion um den Lesekompetenzbegriff, wie sie z. B. Bettina Hurrelmann (2002 & 2010) aufarbeitet. Gibt es um den Begriff der Schreibkompetenz ähnliche Diskussionen?
3) Lesen Sie Beiträge zur Diagnose und Förderung im Bereich der Rechtschreibung. Was fällt Ihnen auf? Wird die Rechtschreibung als eine isolierte Fähigkeit konzipiert oder im Kontext des Schreibens von Texten betrachtet?
4) Beobachten Sie im Unterricht: Wie begegnen Kinder der (Schrift-)Sprache? Welche (schrift-)sprachlichen Anforderungen erzeugt der Unterricht? Handelt es sich eher um Situationen sprachlichen Handelns oder wird Sprache und Schrift eher explizit und jenseits funktionaler Verwendungssituationen als Gegenstand reflektiert bzw. geübt?

Zum Weiterlesen

Duncker, Ludwig (1994): Lernen als Kulturaneignung: Schultheoretische Grundlagen des Elementarunterrichts. Weinheim.

Manguel, Alberto (2000): Eine Geschichte des Lesens. Hamburg.

2. Mündlichkeit und Schriftlichkeit: Wege in die Schrift

Gegenstandsbereiche der Deutschdidaktik

Sprache und Schrift

Die Frage, was Gegenstand des Deutschunterrichts ist, scheint auf den ersten Blick einfach und schwierig zugleich zu sein. Ohne Zweifel, es geht um Sprache und Schrift, um das Sprechen und Zuhören und – zumeist mit viel mehr Aufmerksamkeit versehen – das Lesen und Schreiben in allen seinen Facetten. In zunehmendem Maße geraten über die Buchstabenschrift hinaus auch andere Medienformen wie das Bild und der Film in den Blick des Deutschunterrichts.

Dabei untergliedert sich die Deutschdidaktik oft noch einmal in Sprach- und Literaturdidaktik. Bei genauerer Betrachtung ist aber weniger die Gegenüberstellung von Sprache (pragmatisch-funktionaler Sprachgebrauch) und Literatur (ästhetischer Sprachgebrauch) das markante Unterscheidungskriterium. Viel wirkmächtiger ist die Gegenüberstellung mündlicher und schriftlicher Sprache einzuschätzen.

Gesprochen und geschrieben

Offenkundig ist, dass die schriftliche Sprache, im Vergleich zur mündlichen, in einer anderen medialen Form genutzt wird. Die Buchstaben müssen erlernt werden, sie zu erkennen und zu reproduzieren ist eine zentrale Voraussetzung für den Schriftgebrauch und die damit verbundene Übersetzung des gesprochenen in das geschriebene Wort. Doch die Unterschiede mündlicher und schriftlicher Sprache sind differenzierter, als das reine Abbilden der gesprochenen Sprache in schriftlichen Zeichen, das Übersetzen von mündlicher in schriftliche Sprache erkennen lässt. Die schriftliche Sprache ist in sich auch vielgestaltig[8] und stellt ebenso vielfältige Ansprüche an die Lernenden, deren Bewältigung seitens der Lehrkräfte unterstützt werden muss. Weiterhin steht im Deutschunterricht zumeist das schriftliche Sprachhandeln im Mittelpunkt. Der mündliche Spracherwerb beginnt zwar lange vor der Schule und ist bei Schuleintritt weit fortgeschritten, doch auch beim Sprechen und Zuhören in unterschiedlichen Situationen ergeben sich Lerngelegenheiten und -baustellen für Kinder in der Primarstufe.

Im Folgenden sollen diese Differenzen hergeleitet und dargestellt werden. Angedeutet werden soll, wie sich die verschiedenen Themenschwerpunkte der Deutschdidaktik sprachsystematisch und spracherwerbslogisch begründen lassen.

---

8 Informationstexte weisen z. B. eine andere Sprache auf als Geschichten, digitale Kurznachrichten auf dem Smartphone sind zwar auch schriftliche Produkte, jedoch anders strukturiert als zum Beispiel Briefe auf dem Papier.

Medialität: Mit Schriftformen spielen und gestalten – Schrift erwerben[9]

Faszination Medium

Das Erlernen der Schrift beginnt nicht erst in der Schule. Bereits lange vor Schuleintritt interessieren sich viele Kinder für Schrift in ihrem Alltag; dieses Phänomen wird als *Early Literacy* bezeichnet. Eine Voraussetzung dafür ist, dass Schrift im Leben der Kinder eine sichtbare und bedeutsame Rolle spielt: Wird den Kindern regelmäßig vorgelesen? Entdecken sie Schrift als Element ihres Alltags, z. B. den eigenen Namen auf einer Beschriftung in der Kindertagesstätte oder den markanten Schriftzug über der Ladentür eines häufig besuchten Geschäfts? Können sie beobachten, dass sich Erwachsene der Schrift bedienen, um ihren Alltag zu gestalten? Viele Kinder entwickeln so ein erstes Interesse für die Schrift, das sich zunächst auf ihre äußerliche Form bezieht. Die seltsamen Zeichen fordern zum Aneignen durch Nachahmen heraus und werden kopiert.[10]

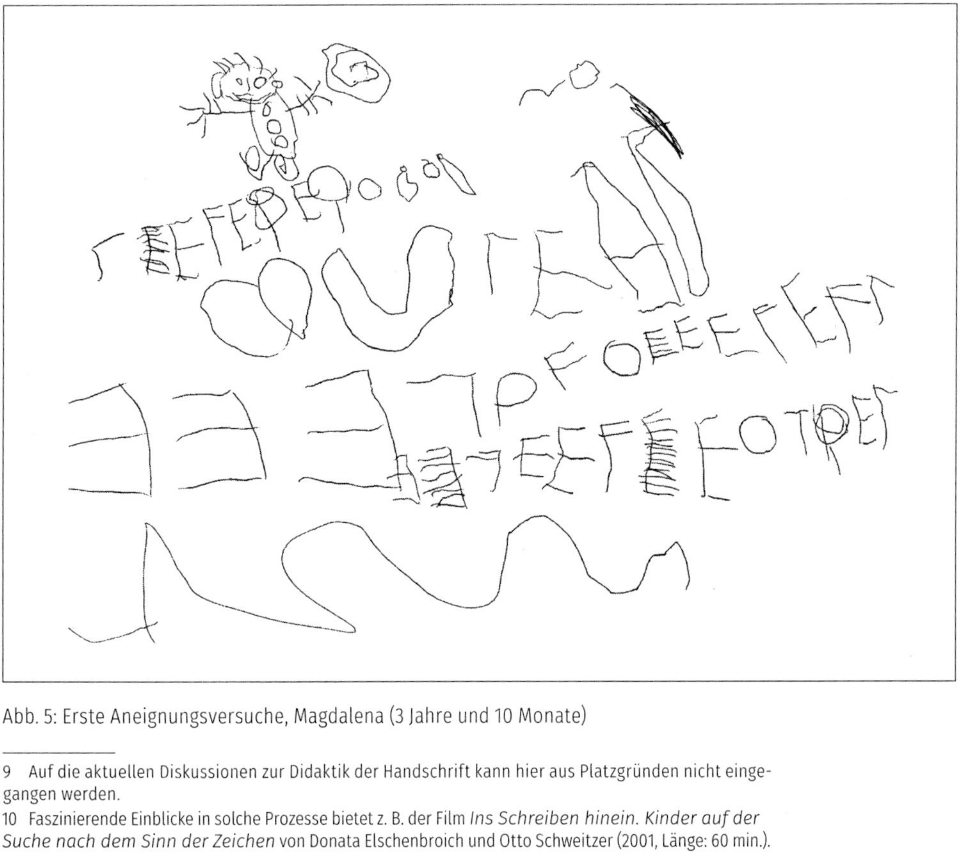

Abb. 5: Erste Aneignungsversuche, Magdalena (3 Jahre und 10 Monate)

9 Auf die aktuellen Diskussionen zur Didaktik der Handschrift kann hier aus Platzgründen nicht eingegangen werden.

10 Faszinierende Einblicke in solche Prozesse bietet z. B. der Film *Ins Schreiben hinein. Kinder auf der Suche nach dem Sinn der Zeichen* von Donata Elschenbroich und Otto Schweitzer (2001, Länge: 60 min.).

Spielen mit Formen So ist es z. B. bei Magdalena (Abb. 5), die mit noch nicht einmal 4 Jahren erste Versuche im Umgang mit der Schrift unternimmt. Die Buchstabenformen sind erkennbar und sogar schon in einer vage zeilenförmigen Reihenfolge angeordnet, sie zeigen aber noch keine stabile Raumlage und keine Formkonstanz. Die Querstriche des <E> zeigen mal in die eine, mal in die andere Richtung, mal sind es drei, dann wieder sehr viel mehr oder auch weniger. Magdalena probiert aus, wie man dieses seltsame Zeichen äußerlich gestalten kann. Ihr ist jedoch noch nicht klar, dass das <E>, wenn es denn als Buchstabe gebraucht wird, eine ganz bestimmte Form und eine ganz bestimmte Ausrichtung haben muss. Die Spielzeuge in ihrem Kinderzimmer sind anders. Den Kuschelbären kann man drehen und wenden, seine verstellbaren Arme und Beine in verschiedene Posen ausrichten, immer bleibt er jedoch ein Bär.

Raum und Lage Ganz anders ist es in der Welt der Buchstaben. Das kleine <d> wird, dreht und wendet man es, zum <p>, zum <q> oder wahlweise zum <b> (Abb. 6). Schon das ist ein fundamentaler Unterschied im Verständnis von Buchstaben im Vergleich zu anderen Objekten.

Abb. 6: Zwar ist die Form gleich, doch die Raumlage ändert die Bedeutung

Dieser Unterschied ist für Magdalena aber noch kein Thema. Sie ist fasziniert von Buchstabenformen, reproduziert und verändert sie in ihrer Einfachheit und setzt sich selbst ganz obenauf, in einen vorgestellten Schriftraum, quasi als Meisterin der wunderbaren Zeichenwelt. Das alles ist ein Spiel, noch lange kein Schreiben im eigentlichen Sinne, und doch ein erstes Annähern an die Schrift.

Norm und Ästhetik Einige Monate später sind Magdalenas Schreibversuche immer noch primär bildnerische Gestaltungsversuche (Abb. 7). Sie zeigen aber bereits sehr viel stärker eine Orientierung an der üblichen und festgelegten Verwendung der Buchstaben. Diese stehen jetzt streng in Zeilen, von links nach rechts geschrieben, die meisten Zeichen sind eindeutig als Buchstaben des lateinischen Alphabets erkennbar, die Form und die Raumlage sind weitgehend standardisiert und es entsteht der Gesamteindruck eines Textes. In den Zeilen vier bis acht finden sich zudem die ersten lesbaren Wörter: die Namen von Magdalenas Familienmitgliedern. Jedem Namen ist eine eigene Zeile gewidmet. Auf der folgenden Buchstabenreihe wächst eine bunte Blumenwiese, auf der Magdalena vermutlich wieder selbst zu sehen ist.

Immer noch ist dieses Beispiel weit vom versierten Sprachhandeln schriftkundiger Menschen entfernt, aber die beiden Schriftbilder zeigen einen ersten Zugang zur Schrift, der ein langsames Annähern an die äußerliche Form aufgrund einer persönlichen Faszination beschreibt. Magdalena wird nicht angeleitet, sie erwirbt ihr Schriftwissen nicht in einem Lehrgang, sondern in der Anschauung ihrer Umwelt, aus einem fragenden Interesse heraus, wie man diesen oder jenen Namen schreibt und im probierenden Nachahmen der Schriftzeichen, die sie entdeckt.

Abb. 7: Schrift: Form und Bedeutung, Magdalena (5 Jahre und 1 Monat)

Schrift als Spielzeug

Sie verfügt zudem vermutlich noch nicht über eine Kenntnis der üblichen Verwendung der Buchstaben, über ihren Klang bei der Aussprache und über die Bausteinfunktion bei der Zusammenstellung von Wörtern. Schrift ist ein Spielmaterial, das erst ganz langsam beginnt, eine abstrakte Bedeutung zu erlangen.

Abb. 8: Ein Arztrezept als Spielelement, Clara (5 Jahre und 6 Monate)

Auch Clara (Abb. 8) erobert die Schrift bereits vor der Schule. Ihr Rezept entsteht beim Puppenspiel. Ihre Puppe ist krank und muss zum Arzt. Clara ist gleichzeitig Ärztin und Mutter und erstellt das Schriftdokument, wie sie es selbst in einer ähnlichen Situation beobachtet und verstanden hat. Das Schriftstück hat Macht, seiner Besitzer*in an anderer Stelle (in der Apotheke) Zugang zu Medizin zu gewähren. Diese Funktion macht sich Clara im Spiel zunutze: Sie reicht das Rezept bei den Eltern ein und bekommt dafür Fruchtgummis als Medizin, die sie nun allerdings selbst verzehrt.

Schrift als Handlungsmittel

Clara kann der Schrift in dieser Situation schon eine aktive Rolle zuweisen. Schrift wirkt und ermöglicht angestrebte Prozesse: Das Rezept schafft Zugang zu den Süßigkeiten. Dabei offenbart Clara auch schon differenzierte Einsichten in die phonologische (lautliche) Struktur der Sprache und motorische Fähigkeiten. Sie kann die Wörter, die sie aufschreiben will, in ihre akustischen Bausteine zerlegen und diesen passende Buchstaben zuordnen. Diese kann sie auch lesbar aufschreiben. Das gelingt schon so weit, dass man ihren Text verstehend entziffern kann: „Claras Baby braucht Medizin“.[11]

11 Dabei realisiert sie in ihrem Text sogar schon eine Außenperspektive, die sie als schreibende Ärztin in Auseinandersetzung mit der Puppenmutter Clara identifiziert.

Die angeführten Beispiele zeigen einerseits, dass die aktive Auseinandersetzung mit Schrift und die Anbahnung grundlegender Fähigkeiten im Umgang mit den Buchstaben mitunter schon lange vor der Schule beginnen. Natürlich kommen nicht alle Kinder mit solchen Erfahrungen und Fähigkeiten in die Schule. Für viele Kinder beginnt die Aneignung der Schrift auch erst im Laufe des ersten Schuljahrs.[12] Das fremde Zeichensystem kann dabei eine große Faszination ausüben. Die sinnlich erfahrbaren Zeichen sind abstrakt und gleichzeitig geheimnisvoll, sie sind schwer verständlich, aber Repräsentanten einer Welt, die vor allen Dingen den Erwachsenen zugänglich ist. Sie fordern aber auch zu einer grundlegend neuartigen Verwendung der Sprache heraus. Hartmut Günther formuliert dazu: „Schreibnovizen lernen nicht eine neue Sprache, sondern die eigene Sprache neu." (Günther 1998, 21) Wie weitreichend diese Feststellung ist, macht der folgende Abschnitt deutlich.

Konzeptionalität: Veränderte Sprache als Herausforderung

Herausforderung Konzeption

Als zeitiger Zugang zu Schrift wurde oben bereits das Vorlesen benannt. Es gilt heute als gesichert, dass Kinder, denen als Kleinkindern viel vorgelesen bzw. erzählt wurde, tendenziell weniger Schwierigkeiten beim Schriftspracherwerb haben. Doch woran liegt das? Die Begegnung mit der Schriftsprache bezieht sich einerseits auf das Sichtbare, die medialen Schriftzeichen. Beim Vorlesen lernen Kinder das Konzept Buch kennen, sie beobachten Lesende beim Entschlüsseln der Zeichen. Vielleicht fahren die Erwachsenen mit dem Finger über die Zeilen und so wird der Zusammenhang des Ausgesprochenen zu den Schriftzeichen deutlich. So kann früh ein Verständnis dafür entstehen, dass die abstrakten und zuerst einmal wenig ausdrucksstark scheinenden Zeichen Zugang zu faszinierenden Inhalten bieten.

Doch das ist nur eine Seite der Medaille. Denn Vertrautheit entsteht auch mit einer anderen Besonderheit von Schriftsprache: ihrer sprachlichen Strukturiertheit, ihrer Konzeption.

Besonders eindrücklich kann man das am Sprachgebrauch versierter Sprachnutzender erklären. Dazu hat Martin Fix ein treffendes Experiment durchgeführt, das auch an dieser Stelle zur Erläuterung dienen kann (vgl. Fix 2006, 64). Fix bittet Studierende, ihren Füllfederhalter zu beschreiben, einmal mündlich und einmal schriftlich; jeweils spontan. Die sprachlichen Äußerungen einer Studentin fallen folgendermaßen aus:

---

12 Eindrückliche Beispiele zur Breite des Leistungsspektrums finden sich auch bei Mechthild Dehn (2007, 8 ff.).

1) Also, ähm, also es handelt sich um ein Schreibgerät, des ist ungefähr 12 cm lang, ähm, und er besteht aus'm Füller halt und 'nem Deckel, also, wie nennt man des? [...]

2) Mein Füller ist blau und wird durch eine silberfarbene Schutzkappe verschlossen. Auf der Kappe hält ein blaues Drehköpfchen einen Klemmbügel, der den Füller an Taschen und Kleidern festhält. [...]

(Fix 2006, 64)

Sprachliche Angemessenheit

Schnell wird deutlich, dass es sich beim ersten Auszug um das gesprochene Beispiel handelt, beim zweiten um das geschriebene. Im ersten Fall wird eher assoziativ und weniger systematisch zusammengetragen, was den Füllfederhalter charakterisiert, die Sprache ist kaum fachsprachlich und wenig präzise. Umgangssprachliche und dialektale Elemente („des"), Verkürzungen („aus'm"), ungenaue grammatische Bezüge (Pronominalersetzung „er" in Bezug auf „Schreibgerät" (neutr.)) und dialogische Elemente wie spontane Rückfragen an ein Gegenüber („wie nennt man des?") machen deutlich, dass sich hier Sprechen und Nachdenken überlagern. Infolgedessen müssen im Prozess des Sprechens auch Änderungen vorgenommen werden, gleichzeitig werden sprachliche Einzelheiten aus dem Arbeitsgedächtnis gelöscht und die Fortführung von Sätzen erfolgt sprachlich nicht korrekt. Zwar legt die Sprechende auch Denkpausen ein – erkennbar z. B. an dem Partikel „ähm" – jedoch ist die Situation grundsätzlich geprägt von einer herausfordernden Gleichzeitigkeit von Sprechanforderung und Denkleistung, die den Text und seine Sprache hervorbringt. Auf der anderen Seite kann die Sprechende in ihrem Gesprächskontext auf die Zuhörenden direkt eingehen, ihnen sogar Fragen stellen. Die Hörenden können wiederum Rückfragen stellen oder nonverbal signalisieren, wenn Verständnisschwierigkeiten auftreten.

Dichte Fachlichkeit

Ganz anders ist es beim Schreiben in Beispiel 2). Hier findet der Kommunikationsakt stärker distanziert statt. Die Schreibende kann sich zuerst einmal Gedanken machen, welche Informationen vermittelt werden sollen und wie diese Vermittlung im Text strukturiert werden kann. Die Wortwahl ist präziser und fachspezifischer (<Schutzkappe> statt „Deckel", <Drehköpfchen> und <Klemmbügel>). Die Grammatik entspricht den Normen des Schriftdeutschen und der Satzbau ist komplexer (hypotaktisch). Verknüpfungen zwischen den Aussagen und Ersetzungen (<Schutzkappe> – <Kappe>, <Klemmbügel> – <der>) werden plausibel und korrekt verwendet (Kohäsion). Gleichzeitig ist der Text stärker aus sich heraus verständlich, während die Sprechende in Beispiel 1) in ihren Äußerungen ganz klar darauf abzielt, dass die Adressat*innen bei der Beschreibung anwesend sind und direkt angesprochen und sogar einbezogen werden können.

Man neigt schnell dazu, Beispiel 2) als das bessere und höherwertige Beispiel zu betrachten. Das stimmt aber nur bedingt. Es folgt den kommunikativen Gegebenheiten und Strukturmerkmalen der schriftlichen Sprachsituation und erzeugt damit eine andere Sprache, die aber auch nur in bestimmten Situationen funktional ist. Die mündlich erzeugte Sprache aus Beispiel 1) irritiert besonders deshalb so sehr, weil sie aufgeschrieben wurde. Im Medium der Schrift wirkt sie fremd und unbeholfen. Beim mündlichen Sprechen wären die grammatischen Fehler nicht aufgefallen und die vermittelten Informationen wären gut verständlich gewesen. Die schriftliche Äußerung in Beispiel 2) ist sehr viel dichter und komplexer organisiert. Wird dies in einer mündlichen Sprachsituation vorgelesen, werden ausschließlich Zuhörende damit schnell überfordert.

Situative Erfordernisse

Das ist eine Erfahrung, die z. B. Studierende oft auch in Vorlesungen machen, in denen die Dozierenden ausformulierte Skripte verwenden. Diese sind sprachlich und inhaltlich dicht gestaltet, überfordern jedoch die Zuhörenden oft wegen ihrer sprachlichen Komplexität. Sprechen Vortragende hingegen weitgehend frei, befinden sie sich in einer Zwischensituation: Sie haben sich zwar im Vorfeld Gedanken hinsichtlich des Vortrags- bzw. Vorlesungsverlaufs gemacht und diesen roten Faden z. B. in einer Präsentation und/oder einem Stichpunktzettel ausgearbeitet. Die konkrete sprachliche Äußerung muss dann aber in der Vortragssituation spontan hervorgebracht werden. Das macht Denkpausen nötig, führt zu Wiederholungen und einem eingeschränkteren verwendeten Wortschatz. Die Äußerungen sind zwar nicht so exakt, jedoch für ein zuhörendes Publikum sehr viel leichter nachvollziehbar und verständlich. Die Sprache ist also in Beispiel 1) und 2) nicht einfach besser oder schlechter, sondern muss in ihrem Verwendungszusammenhang bewertet werden. Beide Beispiele sind für die Situation, in der sie gebraucht werden, absolut angemessen.

Sprache der Nähe

Das ist im Falle der mündlichen Sprache eine Situation, die darauf gründet, dass Sprechende und Zuhörende beim Sprechen eben anwesend sind. Mündliche Sprache folgt eher der Logik des Dialogs, sie ist spontan, muss jeweils auf die nur begrenzt vorhersagbare Reaktion des Gegenübers eingehen, kann aber dadurch auch auf auftretende Verständnisschwierigkeiten reagieren. Es handelt sich also um eine *Sprache der Nähe*, die sich diesen Gegebenheiten sinnvoll anpasst. Zudem kann sie auch nonverbale Informationen einbeziehen, wie Mimik und Gestik und Prosodie (Sprechmelodie etc.).

Sprache der Distanz In der Schriftsprache gebraucht man hingegen tendenziell eine *Sprache der Distanz*. Schriftsprachlich wird kommuniziert, wenn die Kommunikationsgegenüber nicht in einem unmittelbaren Kontakt stehen.[13] Daher sind schriftliche Äußerungen eher monologisch organisiert. Wer schreibt, muss aber nicht so schnell reagieren, wie das in einer mündlichen Sprechsituation der Fall ist. Man hat mehr Zeit zu planen, wie man seine Gedanken am günstigsten formuliert und wie es gelingt, dass die Lesenden das ausschließlich Geschriebene verstehen können. Stellt sich eine Formulierung als ungünstig oder unverständlich heraus, kann man diese noch einmal korrigieren. Schriftliche Sprache zeichnet sich also durch eine starke Geplantheit und Reflektiertheit aus, sie orientiert sich an den erwarteten Verständnismöglichkeiten der Lesenden und greift auf einen breiteren Wortschatz zurück, sie vermittelt Informationen expliziter und strukturierter. Wer schreibt, muss aber auch viel stärker antizipieren, in welcher Situation und vor welchem Kenntnishintergrund die vorgestellten Lesenden die verschriftete Formulierung lesen. Wer hier falsche Erwartungen hat – zum Beispiel zu viel Fachwissen voraussetzt –, droht mit seinem distanzsprachlichen Text die Adressierten nicht zu erreichen.

Medium und Konzeption Diese grundsätzliche Unterscheidung macht nun eine differenziertere Gegenüberstellung von mündlicher und schriftlicher Sprache notwendig (Abb. 9). Das Modell geht auf die Arbeit von Peter Koch und Wulf Oesterreicher zurück (1985) und strukturiert die sprachlichen Entwicklungsbereiche.

13 Die Bezeichnungen beziehen sich auf das Modell von Koch/Oesterreicher (1985) und haben nichts mit der tatsächlichen Distanz der Kommunizierenden zu tun. Bei einem Telefonat kann man zwar sehr weit entfernt sein, jedoch ist die Kommunikationssituation eine nahsprachliche, da die Kommunizierenden die Interaktionssituation unmittelbar teilen. So sind solche Gespräche typisch mündlich dialogisch und spontan, auch wenn nonverbale Informationen wie Mimik und Gestik eher entfallen. Auch eine Mailkommunikation (oder ein Kurznachrichtenchat) kann mündliche Züge tragen, wenn schnell auf empfangene Nachrichten reagiert wird. Oft verändert sich dabei der Sprachduktus. Während eine erste Mail oft recht formal geschrieben wurde, mit Anrede- und Verabschiedungsformeln, vollständigen Sätze etc., gerät die Form beim mehrmaligen Hin und Her oft freier, auf die Anredeform wird verzichtet, eine saloppere Sprache wird genutzt und oft auch nur noch in Kurzbotschaften geantwortet. Damit wird die Sprache im kommunikativen Verlauf mündlicher, obwohl sie im Medium des Schriftlichen stattfindet.

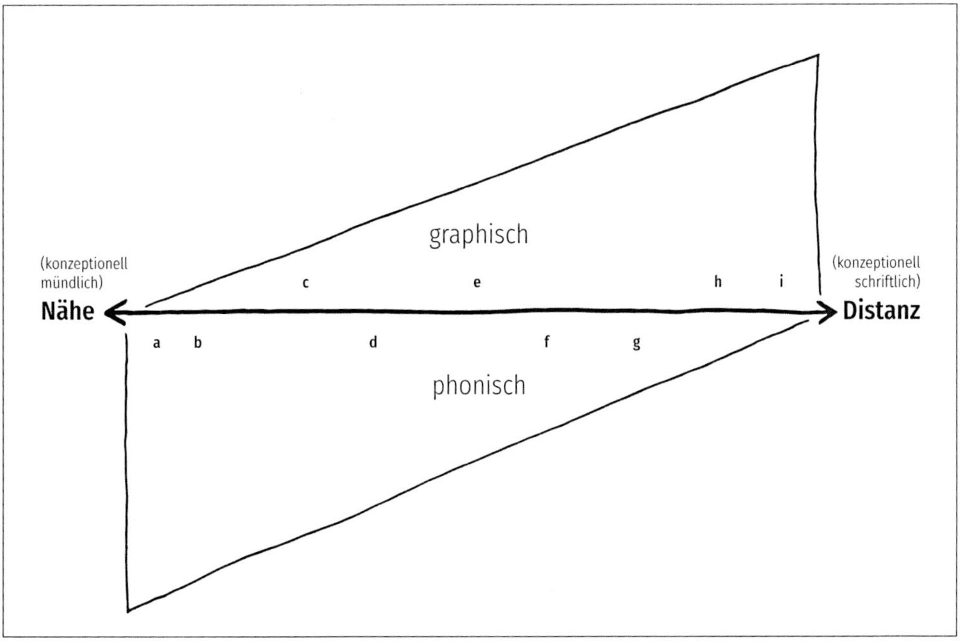

Abb. 9: Modell zur Sprache der Nähe und Distanz (nach Koch/Oesterreicher 1985, 23)

Deutlich wird, dass mündliche und schriftliche Sprache mit Blick auf ihre Medialität *(mediale Mündlichkeit = phonisch* und *mediale Schriftlichkeit = graphisch)* unterschieden werden kann. Das ist einfach, schriftliche Sprache wird in Buchstaben vermittelt (grafisch), während mündliche Sprache lautlich (phonisch) existiert. Wird ein geschriebener Text vorgelesen, wird er also medial von der Schriftlichkeit in die Mündlichkeit übersetzt. Während der grafische Text dauerhaft verfügbar war, ist der phonische Text flüchtig und nur im Moment des Vorlesens wahrnehmbar. Die Textstruktur ändert sich dabei aber nicht. Es bleibt konzeptionell ein schriftlicher Text, wenn er als solcher bereits angelegt war.

Die *konzeptionelle Schriftlichkeit* ist demnach prinzipiell unabhängig vom Medium. Ihre Verwendung folgt aber auch bestimmten Gesetzmäßigkeiten. Auch das kann man am Beispiel des Modells (Abb. 9) gut nachvollziehen. Während im medial mündlichen, phonischen Sprachgebrauch ein privates Gespräch (a) unter sich vertrauten Gesprächspartner*innen auch konzeptionell mündliche Züge trägt, ist ein Interview (d) wegen des weitgehend festgelegten und vorab geplanten Interviewleitfadens zwar auch medial mündlich, konzeptionell aber schriftlicher geprägt. Ein Vortrag (g) hingegen ist hochgradig geplant und reflektiert, also dominant konzeptionell schriftlich organisiert, was nur graduell abgeschwächt werden kann, wenn – wie oben dargestellt – z. B. frei gesprochen und spontan formuliert wird.

Konzeptionelle Schriftlichkeit

Auch im Bereich der medialen Schriftlichkeit variiert die Konzeptionalität erheblich. Während z. B. ein Chatverlauf (c) zwar medial schriftlich organisiert ist, jedoch aufgrund des informellen Charakters und der hohen Interaktionsdichte konzeptionell mündliche Züge trägt, sind ein Zeitungsartikel (h) oder gar ein Fachtext (i) viel stärker von den Prinzipien des konzeptionell Schriftlichen gestaltet (Tab. 1).

Kommunikations-bedingungen	Versprachlichungs-strategien	Linguistische Merkmale
– monologisch – raumzeitliche Trennung der Kommunizierenden – kontextentbunden – reflektiert/geplant	– standardsprachlich – Informationsverdichtung – Endgültigkeit – Komplexität und Präzision	– Explizitheit – komplexe Satzstrukturen (hypotaktisch) – Passiv-/Konjunktivgebrauch – Nominalisierung – Fachbegriffe – Komposita

Tab. 1: Merkmale konzeptioneller Schriftlichkeit (nach Hüttis-Graff et al. 2010, 249)

Kinder kommen vor der Schule vorrangig mit den typischen Merkmalen mündlicher Sprache in Kontakt, an denen sie die Sprache erwerben. Sprache ist bis zur Schule ein Dialogmittel, Sprachhandeln ein eher unmittelbares Reagieren auf Ansprache oder begleitendes Kommentieren in Alltag und Spiel. Sprache ist immer in einer Situation verhaftet und bezieht sich auf die Merkmale dieser Situation. Deshalb ist Kindern diese Sprache auch vertraut und geläufig.

Distanzsprache begegnet Kindern dort, wo der Sprachgebrauch nicht mehr dialogisch organisiert ist und einem festen Schema folgt. Beim Vorlesen entsteht Sprache nicht aus der Situation heraus spontan, sondern sie ist die medial mündliche Reproduktion eines Textes, der in einer anderen Zeit an einem anderen Ort entstanden ist und sich auf Sachverhalte bezieht, die in der Regel nichts mit der unmittelbaren Lesesituation zu tun haben. Das fordert das Kind heraus, sich aus dem Hier und Jetzt auf eine Vorstellung einzulassen, die durch den Text erzeugt wird. Sprachlich zeigt der Text markante Mittel. Eine Geschichte folgt bestimmten Strukturmerkmalen, die das Kind anhand gehörter Geschichten zunehmend verinnerlicht und zum Verständnis nutzt (vgl. Kap. 4). Die Sprache selbst ist vollständig und gefällig formuliert, standardsprachlich und oft auch im Präteritum, das als Zeitform primär für die Anzeige fiktionaler literarischer Inhalte genutzt wird (vgl. Topalović/Uhl 2014, Kap. 7). Anhand solcher Situationen erlangen Kinder erste Erfahrungen mit der konzeptionell schriftlichen Sprache, auch wenn diese ihnen medial mündlich begegnet.

Schriftliche Formen finden

Dennoch ist die dominante Sprache vor der Schule in Medium und Konzeption die mündliche Sprache. Beginnen Kinder in der Schule Sprache auch schriftlich zu nutzen, ist dann nicht nur der Medienübergang eine besondere Schwierigkeit. Neben dem Aufschreiben ausgedachter vorgestellter (mentaler) Inhalte (Medienwechsel mündlich-schriftlich) muss auch die passende sprachliche Form gefunden werden, um die Inhalte adäquat zu vermitteln. Was das bedeutet, zeigen die beiden folgenden Beispiele.

Sie sieht den Mount Everest (8848 m) und sie sieht auch den verschneiten Nordpol.

Sophia (1. Schuljahr, Januar)

Die Schneeflocke trifft eine Katzenfamilie. Sie plaudern eine ganze Weile, bis die Schneeflocke zum Aufbruch drängt.

Carlotta (1. Schuljahr, Januar)

Sophia und Carlotta besuchen die Schule im ersten Schuljahr und schreiben im Januar Wintergeschichten. Vorausgegangen war eine Falt- und Schneideübung im Mathematikunterricht, bei der die Schüler*innen individuelle Schneeflocken gestalteten. Diese wurden dann zu den Hauptfiguren einer eigenen Geschichte. Die Kinder überlegten sich, wohin ihre Schneeflocke wohl fliegen würde und was sie auf ihrer Reise erleben könnte.

Beide Texte beginnen unmittelbar, da sie innerhalb einer konkreten Unterrichtssituation entstehen, die als kommunikativer Rahmen fungiert. Es ist aus Sicht der Kinder also nicht nötig, in einer Einleitung zu klären, dass es sich um eine Schneeflockengeschichte handelt etc. Dennoch unterscheiden sich die Texte erheblich. Sophias Geschichte verzichtet darauf, ihre Protagonistin überhaupt zu benennen und ersetzt sie sofort durch das Pronomen <sie>. Ihr Text führt die Schneeflocke an zwei Orte, die sachlich einen passenden, weil tendenziell schneereichen Zusammenhang darstellen und sogar mit einigem sachbezogenen Hintergrundwissen versehen werden – der metergenauen Höhenangabe des Mount Everest. Die beiden Szenen selbst bleiben dann jedoch sprachlich minimal. Es ist zu vermuten, dass Sophia in ihrer Vorstellung durchaus eine differenziertere Idee entwickelt hat, was die Schneeflocke auf dem Berg und am Nordpol erleben könnte, jedoch bleiben diese Vorstellungen implizit. Die Szenen werden nur benannt, die Ausdifferenzierung der Handlung findet nur in Sophias Vorstellung statt und ist den Lesenden des Textes nicht zugänglich. Eine wichtige Erkenntnis, die Sophia noch gewinnen muss, ist, dass sie ihren Text ausführlicher und expliziter gestalten muss. Das fordert natürlich auch ihre nach einem halben Schuljahr erst in Ansätzen entwickelten Schreibfähigkeiten heraus. Denn expliziter heißt in ihrem Fall auch, dass der Text umfangreicher werden würde.

Explizitheit

Dass angemessene Explizitheit nicht nur etwas mit Umfang zu tun hat, zeigt Carlotta in der gleichen Unterrichtssituation. Ihr Text ist kaum länger, aber deutlich *schriftförmiger* (konzeptionell schriftlich) formuliert. Auch sie verzichtet auf eine Einleitung, jedoch benennt sie anfangs die Protagonistin, was die Orientierung für die Lesenden deutlich vereinfacht. Dann erzählt Carlotta eine Szene, die sie *narrativ* (erzählerisch) geschickt gestaltet. Zuerst führt sie in die besondere Situation ein, die sie sich ausgedacht hat. Hier geht Carlotta wie Sophia vor. Doch im weiteren Verlauf wird die Szene nun erzählerisch konkretisiert, indem berichtet wird, was die handelnden Figuren in der Szene tun. Zwar bleibt auch das minimalistisch, aber gerade der gehobene und atmosphärische Ausdruck <plaudern> vermittelt viele zusätzliche Informationen, z. B. dass es sich dabei eher um ein belangloses, jedoch von einer freundschaftlichen Grundstimmung geprägtes Gespräch handelt. Das Gespräch dient also nicht der Information der Schneeflocke, sondern es ist Ausdruck einer Beziehung zwischen der Schneeflocke und der Katzenfamilie. Am Schluss beendet Carlotta die Szene mit dem erneuten Aufbruch der Schneeflocke, der ebenfalls sprachlich elegant umgesetzt wird, wenn von <zum Aufbruch drängen> die Rede ist. Carlottas Geschichte folgt einer festen Geschichtenstruktur. Darüber hinaus verwendet sie sprachliche Mittel, die auf einen umfangreichen Wortschatz hindeuten und im mündlichen Alltagssprachgebrauch nicht üblich sind. Carlotta zeigt, dass sie auf ein breites Repertoire an sprachlichen Mitteln zurückgreifen kann. Zu vermuten ist, dass sie diese im familiären Umfeld und/oder in den vorschulischen Bildungsinstitutionen erworben hat, indem sie dort vielfältig mit schriftlicher Sprache in Berührung gekommen ist.

Ansprüche des Übergangs

Für den Deutschunterricht leitet sich von diesen Beispielen ab, dass der Übergang vom mündlichen zum schriftlichen Sprachgebrauch auf verschiedenen Ebenen diverse Ansprüche mit sich bringt

(Tab. 2). Medial schriftlich müssen die Buchstaben und eine flüssige Handschrift erworben werden, ebenso wie die Fähigkeit, gesprochene Sprache nach den Prinzipien der Orthografie in schriftliche Strukturen zu übersetzen. Konzeptionell müssen Kinder ein breites Repertoire an passenden Kommunikationsformen und Versprachlichungsstrategien erwerben, die in verschiedenen medial mündlichen und schriftlichen Situationen zu einer adäquaten Sprachverwendung führen. Was gehört dazu, eine mental repräsentierte Vorstellung anderen verständlich sprachlich zu vermitteln? Welche Informationen brauchen Lesende und wie unterscheidet sich das zum Sprechen für Hörende? Die Normen der Standardsprache werden dabei ebenso relevant, wie die Entwicklung eines immer weiteren Wortschatzes zur differenzierten sprachlichen Darstellung von Sachverhalten.

Mediale Schriftlichkeit	**Konzeptionelle Schriftlichkeit**
– Handschrift – dekodieren (erlesen) und kodieren (verschriften) – Orthografie – ...	– sprachliche Darstellungsformen (erzählen, berichten, erklären, etc.) – Wortschatzerweiterung – Standardsprache – ...

Tab. 2: Aufgabenfelder des Schriftspracherwerbs im weiteren Sinne

Und auch wenn jetzt hier hauptsächlich auf das Schreiben eingegangen wurde, gilt das auch für das Lesen. Denn auch beim Verarbeiten schriftlicher Informationen kommt die Differenz zur mündlichen Sprache zum Tragen.

Bildungssprache

Sprache der Bildung

Natürlich ist auch die Weiterentwicklung der mündlichen Sprache (medial und konzeptionell) ein wichtiger Gegenstandsbereich des Deutschunterrichts in der Grundschule. Dennoch liegt der Schwerpunkt zumeist stärker auf dem Übergang und dem Erwerb der schriftlichen Formen auf allen Ebenen. Das hat auch damit zu tun, dass alle Formen weiterführender Bildung (in der Schule und darüber hinaus) in den Strukturen schriftlicher Sprache vermittelt werden; auch dann, wenn im Fachunterricht (medial mündlich) gesprochen wird. Der Schriftspracherwerb ist damit nicht nur ein zentrales Lernfeld des Deutschunterrichts, sondern die Basis für eine erfolgreiche Bildungskarriere und damit Voraussetzung für Teilhabe an kulturellen und gesellschaftlichen Ressourcen.

Bildungssprache & Schriftlichkeit

In den vergangenen Jahren ist die Notwendigkeit einer verstärkten Aufmerksamkeit für die konzeptionell schriftlichen Bildungsprozesse aller Unterrichtsfächer in den Blick geraten. In dem Zusammenhang ist der Begriff der *Bildungssprache* geprägt worden.

> *Bildungssprache ist dasjenige Register, dessen Beherrschung den „erfolgreichen Schüler" auszeichnet. Es unterscheidet sich von der „Umgangssprache" durch die Verwendung fachlicher Terminologie und die Orientierung an syntaktischen Strukturen, Argumentations- und Textkompositionsregeln, wie sie für den schriftlichen Sprachgebrauch gelten.*
>
> *(Gogolin 2008, 26)*

Frühe Bildungssprache

Nach dieser Definition von Ingrid Gogolin wird deutlich, dass die Sprache der Bildung eben den Strukturmerkmalen der (konzeptionell) schriftlichen Sprache entspricht. Nadine Naugk weist zudem darauf hin, dass es starke Überschneidungen zwischen dem linguistischen Konzept der Bildungssprache und dem literarischen Sprachgebrauch gibt. Sie führt den Begriff der *frühen Bildungssprache* ein (vgl. Naugk 2018, 111), um zu beschreiben, worin die elementaren sprachlichen Bildungsanforderungen am Beginn der Schulzeit liegen. Mit Blick auf den Deutschunterricht in der Grundschule kann daher die hier entwickelte Gegenüberstellung von konzeptionell mündlicher und schriftlicher Sprache genutzt werden, um im schriftlichen Sprachgebrauch die Grundlagen für einen erfolgreichen Bildungssprachenerwerb zu legen.

Das macht auch die von Günther bereits oben zitierte Aussage nachvollziehbarer: „Schreibnovizen lernen nicht eine neue Sprache, sondern die eigene Sprache neu." (Günther 1998, 21) Die schriftliche Sprache ist nur vermeintlich das grafische Pendant zur gesprochenen Sprache. Faktisch ergeben sich erhebliche Unterschiede auf verschiedenen Ebenen. Diese zu thematisieren, um sowohl das mündliche als auch das schriftliche Sprachhandeln in seinen vielen Facetten zu entwickeln, ist eine zentrale Aufgabe des Deutschunterrichts in der Grundschule.

Zum Weiterdenken

1) Wo in Ihrem Alltag orientieren Sie sich an Schrift und Zeichen? Welche dieser Codes sind Kindern bereits vor der Schule zugänglich? Untersuchen Sie dafür auch das Vorkommen von Schrift im Alltag von Kindern und wie Kinder damit umgehen.
2) Legen Sie Kindern kurz vor Schuleintritt oder am Schulanfang ein leeres Blatt Papier vor. Formulieren Sie folgenden Auftrag: „Schreibe etwas auf das Blatt, so wie du es kannst. Du darfst selbst entscheiden, was du schreiben möchtest."[14] Beobachten Sie, wie die Kinder mit der Aufforderung umgehen und untersuchen Sie, welches Verständnis von Schrift und Schreiben und welche Zugänge zum Medium Schrift sich in den Ergebnissen zeigen.
3) Arbeiten Sie gemeinsam mit einer Partner*in: Lesen Sie sich gegenseitig einen kurzen Fachtext vor. Lesen Sie nun allein einen weiteren kurzen Fachtext und arbeiten Sie die wichtigen Informationen heraus. Stellen Sie sich gegenseitig die gelesenen Texte vor? Wie unterscheiden sich die beiden Situationen (Vorlesen und zusammenfassendes Wiedergeben) sprachlich? Beschreiben Sie die Unterschiede möglichst detailliert. Welche Konsequenzen haben diese Beobachtungen für die Zuhörenden und die Verständlichkeit der Situationen.

Zum Weiterlesen

Merklinger, Daniela (2012): Schreiben lernen durch Diktieren: Theoretische Grundlagen und Praxisbeispiele für Diktiersituationen. Berlin.

Naugk, Nadine (2018): Mündliches Erzählen und konzeptionelle Schriftlichkeit. Zum Gebrauch bildungssprachlicher Elemente in Fantasiegeschichten von Grundschulkindern. Dissertation. Martin-Luther-Universität Halle-Wittenberg.
URL: http://digital.bibliothek.uni-halle.de/urn/urn:nbn:de:gbv:3:4-23464 (08.04.2019).

14 *Das Leere Blatt* ist Teil der *Schulanfangsbeobachtung* bei Dehn/Hüttis-Graff (2006, 32 ff.). Die Autorinnen schlagen zudem vor, immer zwei Kinder an einem Blatt arbeiten zu lassen. Die Methode lässt Aussagen zur Entwicklung und Einstellung zur Schrift bei den Kindern erkennen. Zur Analyse können Entwicklungsmodelle des Schriftspracherwerbs hilfreich sein, wie sie im eben genannten Buch zu finden sind.

3. Sprechen und Zuhören

Mündlichkeit – ein eigener Lernbereich?

Der Lernbereich des mündlichen Sprachgebrauchs ist in den Bildungsstandards der KMK ausgewiesen – im Spektrum des Deutschunterrichts allerdings nur schwer zu erfassen. Das hat verschiedene Gründe.

Medium und Gegenstand

Zuallererst ist sicherlich bedeutsam, dass die medial mündliche Kommunikation nicht nur ein Grundprinzip menschlicher Gemeinschaft ist, sondern auch in der Schule in allen Unterrichtsfächern und Lernsituationen eine zentrale und ordnende Rolle spielt. Lernen ohne mündliches Sprachhandeln ist kaum denkbar und wird als Basis des Lernens von allen Schüler*innen selbstverständlich vorausgesetzt. Im Deutschunterricht ist die Sprache also 1) *Medium* des Lernens und gleichzeitig 2) *Gegenstand* des Lernens, auf das sich ein sprachlich vermittelter Unterricht thematisch bezieht. Diese beiden Zugriffsweisen auf Sprache finden sich natürlich in gewisser Weise in allen Lernbereichen wieder, aber im Bereich *Sprechen und Zuhören* in besonderer Form.

Zudem ist vielen Lehrenden nicht bewusst, was im Spektrum dieses Lernbereichs seitens des Deutschunterrichts vermittelt werden kann und muss. Kinder kommen in aller Regel mit weit entwickelten mündlichen Sprachkompetenzen[15] in die Schule. Dort richtet sich das Interesse vorrangig auf schriftbezogene Themenfelder. Diese geringe Bedeutung, die der Mündlichkeit im Deutschunterricht mitunter zugestanden wird, rührt zum Teil daher, dass der mündliche Spracherwerb viel stärker als der Schriftspracherwerb in sozialen Situationen beiläufig, also weniger angeleitet stattfindet und bereits lange vor Schuleintritt seinen Anfang genommen hat. Damit wird aber vielfach übersehen, dass auch die bereits begonnenen Prozesse des Spracherwerbs weitergeführt werden müssen. Kinder sollten auch im mündlichen Sprachgebrauch sichere Fähigkeiten für ganz verschiedene Formen sprachlichen Handelns erwerben. Gleichzeitig kann das mündliche Sprachhandeln eine wichtige Funktion beim Übergang zum schriftlichen Sprachhandeln übernehmen, wie noch gezeigt werden wird. Eine einseitige Orientierung des Deutschunterrichts auf die Schriftlichkeit ist auf jeden Fall kritisch zu hinterfragen.

15 Der Spracherwerb ist eine zentrale Grundlage des schulischen Lernens. Aus Platzgründen wird hier auf eine Einführung verzichtet. Eine übersichtliche Darstellung bieten aber z. B. Andrea Haid und Cordula Löffler (2015).

Hinzu kommt das ganz praktische Problem, dass das mündliche Sprachhandeln viel schwieriger zum Gegenstand des Unterrichts gemacht werden kann. Gesprochene Sprache ist nicht nur situationsgebunden – Sprechende und Hörende müssen raumzeitlich miteinander verbunden sein – sie ist vor allen Dingen auch flüchtig. Kaum gesprochen, existieren die sprachlichen Einheiten nur noch in der Erinnerung der Teilnehmenden der Gesprächssituation. Ein gemeinsames Nachdenken und Reflektieren über das Gesagte ist damit viel schwieriger als z. B. über Geschriebenes, das ja sichtbar und beständig ist.

Flüchtige Sprache

Solche Gründe mögen dazu geführt haben, dass die Mündlichkeit seit jeher im Deutschunterricht zwar eine zentrale Rolle als Medium des Lernens, selten aber als Gegenstand des Unterrichts spielt. Gleichzeitig zeigt das Vorkommen des Sprechens im Unterricht eine große Vielfalt: Mündlich wird begrüßt und organisiert, instruiert und erklärt, präsentiert und diskutiert, vorgelesen und rezitiert, berichtet und nachgefragt u.v.a.m. Alle diese Formen sprachlicher Interaktion unterliegen bestimmten Normen und Konventionen,[16] die erlebt, erlernt und eingeübt werden müssen. Gleichzeitig kommt dem mündlichen Sprachhandeln auch eine wichtige Rolle beim Erlernen des Schriftlichen zu. Dazu soll an dieser Stelle das Erzählen als Beispiel einen anschaulichen Einblick bieten.

Erzählen im Alltag – Erzählen in der Schule

Sprechen im Alltag

Eine Alltagsszene: Ein Vater holt seine vierjährige Tochter aus dem Kindergarten ab. Auf dem Nachhauseweg, den die beiden zu Fuß zurücklegen, fragt der Vater die Tochter, was sie heute erlebt hat. Sie erzählt vom gemeinsamen Spiel mit den Freund*innen und von der Geschichte, die eine Erzieher*in am Morgen vorgelesen hat. Der Vater ist ein engagierter Zuhörer, fragt nach und kommentiert, zeigt sich erfreut und bestärkt die Erzählerin. Er zeigt Interesse an dem Geschehen.

Die Situation ist pädagogisch bedeutsam, da sie eine wichtige Verbindung zwischen familiärer und institutioneller Kindheit schafft und beide sozialen Systeme der Kinder aufeinander bezieht. Sie ist aber auch sprachlich ausgesprochen interessant. Das Kind und der Vater teilen bestimmte Alltagserfahrungen z. B. den Gang nach Hause, das gemeinsame Essen am Morgen und am Abend, Spielzeiten

16 Für den Gebrauch von Sprache und Schrift existieren weniger feststehende Normen als Konventionen. Sprachliche Konventionen sind in einer Gemeinschaft ausgehandelte Regularien für die Praxis der Sprache. Im Gegensatz zu Normen stehen sie nicht fest, sondern sie sind in ständiger Entwicklung und Veränderung begriffen. Sehr lesenswert in dem Zusammenhang ist Feilke (2015).

und das Zubettgehen. Im Kindergarten ist der Vater aber nicht anwesend, weiß also auch nichts über die damit verbundenen Erfahrungen. Die Tochter ist nun Expertin in diesem Bereich und der Vater befragt sie in genau dieser Funktion. Sprachlich eröffnet der Vater das Gespräch durch eine Frage, die zu einer berichthaften Erzählung des Kindes führt. An dieser Stelle löst sich die sprachliche Interaktion der beiden aus dem engen dialogischen Schema des Sprechens und Reagierens, das das Gespräch bis zu diesem Zeitpunkt geprägt hatte. Die Tochter ist nun aufgefordert, eine umfangreichere Äußerung zu produzieren. Damit erhält das dialogische Sprechen stärker monologischen Charakter. Das Kind berichtet und der Vater hört zu.

Dekontextualisierung

Auf Seiten des Kindes ist das ein enormer Anspruch. Es muss seine Aufmerksamkeit aus der unmittelbaren Gegenwart herauslösen (Dekontextualisierung) und aus dem Strom der tagtäglichen Ereignisse erzählwürdige Episoden erinnern und auswählen (Minimalbedingung der Erzählwürdigkeit), und diese dann so sprachlich aufbereiten, dass der Vater sie nachvollziehen kann. Beim Erzählen vom Spielplatz muss das Kind entscheiden, welche Informationen zum Aufbau einer Vorstellung nötig sind (Explizitheit). Da die beiden jeden Tag den Spielplatz vor dem Gebäude des Kindergartens durchqueren, weiß der Vater, dass es dort einen Sandkasten gibt. Das muss also nicht einleitend erläutert werden. Dass die beste Freundin heute aber ein Spielzeugauto mitgebracht hat, muss berichtet werden, um die Dramatik der Situation nachvollziehbar zu machen, dass das Auto beim Spielen im Sand vorübergehend verloren ging (Orientierung an der Adressat*in). Hinzu kommt, dass für die Erzählung die richtige Anordnung der Informationen (Strukturierung) und die Auswahl des passenden Wortschatzes und passender Formulierungen notwendig werden (Formulierung/Markierung).

Aktives Zuhören

Das Mädchen ist mit diesen Anforderungen aber nicht allein. Der Vater stützt als aktiver Zuhörer das Hervorbringen des Monologs, indem er nonverbal durch Mimik, Gestik und eingestreute Gesprächs- oder Ausdruckspartikel wie „Aha“ oder „Oh“ kommentiert, Aufmerksamkeit und Interesse signalisiert und so den Sprechfluss immer wieder anregt. Er stellt auch Rückfragen und trägt so zur Präzisierung und zur ausführlicheren Darstellung bei. Das Kind erhält dadurch eine unmittelbare Rückmeldung, welche Informationen vom Vater verstanden werden, wo aber auch Verständnisprobleme auftreten und präzisiert werden muss. So entsteht beiläufig ein Verständnis der anderen Perspektive des Zuhörenden und in Reaktion darauf ein zunehmend bewusstes Einbeziehen der Adressat*innenperspektive beim Sprechen.

Es wird deutlich, dass die erwähnte Sprechsituation gewissermaßen eine Zwischenform darstellt. Die Erzählung ist keine dialogische Form mehr, da hier nicht zwei gleichberechtigte Gesprächspartner*innen interagieren, sondern dem Kind vom Vater durch die Frage nach dem Tag die Rolle einer monologischen Sprecherin zugewiesen wird und das kindliche Sprachhandeln nun die Situation bestimmt. Es entsteht für den Moment eine gewisse Distanz zwischen den Gesprächsteilnehmenden und eine Sprechhierarchie zugunsten des Kindes. Gleichzeitig bleibt die Situation auch im Modus der Sprache der Nähe, da die Sprechende in der Situation den Hörer immer vor Augen hat. Anders als beim Schreiben, der typischen Distanzkommunikation, erhalten die Sprechenden immer ein unmittelbares Feedback. Verbale und nonverbale Informationen geben Impulse zum Weitersprechen, Elaborieren (Ausdifferenzieren und Ausschmücken) und Präzisieren und rahmen das Sprachhandeln auf diese Weise. Der Vater ist also in der Situation nicht nur interessierter Hörer, sondern auch Unterstützer bei der Bewältigung der Anforderung des Erzählens. Die Erzählsituation selbst ist keine rein mündliche Situation, sondern sie trägt Merkmale der Mündlichkeit und der Schriftlichkeit auf konzeptioneller Ebene (Tab. 3, vgl. auch Kap. 2).

typisch mündlich	typisch schriftlich
– gesprochen/medial mündlich – Anwesenheit der Gesprächsteilnehmer*innen – interaktive Dichte/verbale und nonverbale Rückmeldungen der Gesprächspartner*in – Spontaneität der Sprachproduktion	– monologisches Sprechen/asymmetrisches Rederecht – Dekontextualisierung des Erzählinhalts – hoher Gestaltungsanspruch an Explizitheit, Struktur und Formulierung

Tab. 3: Merkmale der oben beschriebenen Erzählsituation

Beiläufiges Sprechenlernen

Es wird deutlich, dass eine solche Alltagssituation ausgesprochen reichhaltige Gelegenheiten zur Weiterentwicklung sprachlicher Kompetenzen bereithält. Tatsächlich erwerben Kinder auf diesem Weg ganz zentrale sprachliche Fähigkeiten, die zum Teil – wie gezeigt werden konnte – sogar den Erwerb schriftlicher Kompetenzen anbahnen können. Und auf der anderen Seite fehlen Kindern aus Familien, in denen wenig gesprochen wird, bereits hier ganz zentrale Erfahrungen und Fähigkeiten, die für den Aufbau mündlicher und schriftlicher Fähigkeiten unabdingbar sind.

Gesprächsformate in der Schule knüpfen an solche Erfahrungen an. Eine verbreitete Form ist der Erzählkreis, der vorzugsweise am Montagmorgen die Woche einläutet. Hier gibt es vielfältige Gesprächsrituale wie z. B. das Reihum-Erzählen vom Wochenende. Jedes Kind hat die Möglichkeit, ein kurzes Erlebnis einzubringen. Hintergrund ist auch hier die Etablierung einer ähnlichen Erzählsituation wie oben dargestellt. Kinder sollen anhand persönlicher Erlebnisse ihre medial mündlichen Erzählfähigkeiten üben und vertiefen. Allerdings zeigen Forschungen zum sprachlichen Interaktionsverhalten im Erzählkreis deutlich, dass die hohen Erwartungen kaum eingelöst werden können (vgl. Morek 2013; Fienemann/von Kügelgen 2006). In einer solchen Reihum-Situation müssen in kurzer Zeit 20 bis 25 Erzählungen realisiert werden. Dadurch bleibt weder die Zeit, sich mit Aufmerksamkeit der einzelnen Erzählungen zu widmen und diese auch durch Rückfragen und Kommentierungen angemessen in die soziale Unterrichtssituation einzubetten, noch kann bei so vielen Erzählungen allen gleichermaßen mit Interesse und Aufmerksamkeit begegnet werden. Zudem setzt das Ritual voraus, dass alle Kinder an ihrem Wochenende etwas Erzählwürdiges erlebt haben. Da das aber keineswegs der Fall ist, werden die Erzählungen oft eher zu spannungsarmen Assoziationsketten, die eher nicht im Sinne einer Höhepunkterzählung organisiert sind und Wichtiges und Unwichtiges kaum voneinander unterscheiden. An dieser Stelle wird deutlich, dass eine alltagsbezogene sprachliche Praxis nicht unmittelbar in den unterrichtlichen Kontext übertragen werden kann. Der Unterricht schafft eine spezielle soziale Situation, in der auch spezielle sprachliche Bedingungen vorliegen. Das muss mitgedacht werden, wenn Unterricht an den Merkmalen des handelnden Umgangs mit Sprache ausgerichtet wird.

Merkmale mündlicher Sprachhandlungen

2 Formen des Erzählens

Konrad Ehlich bezeichnet das mündliche Sprachhandeln generell als Erzählen und unterteilt diese Praxis in das Erzählen im engeren und weiteren Sinne (vgl. Ehlich 1980, 138 f.):

Erzählen 1: Mit dem Erzählen im weiteren Sinne ist jegliches Reden im Gespräch gemeint: beschreiben, sich austauschen, diskutieren, erklären, sich mitteilen.

Erzählen 2: Das Erzählen im engeren Sinne bezeichnet die Wiedergabe eines vergangenen oder ausgedachten Ereignisses in Form einer Geschichte.

Dabei wird schon deutlich, dass es sich beim Erzählen 1 um eine Praxis handelt, die stärker konzeptionell mündlich organisiert ist, während das Erzählen 2 auch Merkmale konzeptioneller Schriftlichkeit aufweist. Mündliche Sprachhandlungen sind dabei nach Brigit Eriksson und Martin Luginbühl (vgl. 2013, 169 f., in Anlehnung an Deppermann 2004 u. a.) in unterschiedlicher Intensität besonders von drei Merkmalen geprägt:

1) *Interaktivität:* Beim Sprechen sind alle Kommunikationsteilnehmenden Teil einer konkreten Situation, sie reagieren auch unmittelbar aufeinander und erzeugen eine hohe interaktive Dichte in der Situation. So kann schon beim Sprechen anhand nonverbaler Reaktionen ein Feedback zum Gesagten erfolgen.
2) *Prozessualität:* Gespräche sind zeitlich linear organisiert und bestehen aus Sequenzen. Dabei sind Verläufe nur bedingt vorhersagbar, weil der Gesprächsverlauf maßgeblich von den Reaktionen der Gesprächsteilnehmenden abhängt.
3) *Multimodalität:* Während Lesende weitgehend nur auf die in der Buchstabenschrift hinterlegten sprachlichen Informationen zurückgreifen können, sind mündliche Gesprächssituationen von einer großen Vielfalt an Informationsmodalitäten (Zeichensysteme) geprägt. Neben den rein semantischen Informationen der Sprache spielen auch die stimmliche Ausdrucksgestaltung (Prosodie) und non-verbale Informationen wie Mimik, Gestik und Körperhaltung eine wichtige Rolle.

Erzählformen

Linguistisch ergeben sich daraus die im Kapitel 2 bereits thematisierten Merkmale konzeptioneller Mündlichkeit, wobei je nach Situation auch stärker konzeptionell schriftliche Einflüsse das medial mündliche Sprachhandeln prägen.

Primäre Produktionen	Reproduktionen
Erlebniserzählungen	Bildererzählungen
Fantasieerzählungen	Nacherzählungen

Tab. 4: Erzählformen nach Becker (2015, 60)

Schließlich können verschiedene Erzählformen unterschieden werden, die im Unterricht traditionell auffindbar sind. Systematisch unterscheidet Tabea Becker (2015) das Erzählen 2 in primäre Produktionen, also Erzählungen, die sich die Erzählenden selbst ausdenken, und Reproduktionen, deren narrative Substanz bereits vorliegt und von den Erzählten rekonstruiert wird. Als primäre Produktionen sind die nicht fiktiven Erlebniserzählungen und die fiktiven Fantasieerzählungen zu benennen. Bei den Reproduktionen sind – ausgehend von einer visuellen bzw. sprachlichen Vorlage – Bildergeschichten bzw. Nacherzählungen zu unterscheiden.

Aufgabenfelder des Lernbereichs Sprechen und Zuhören

Für die Schwerpunktsetzung im Deutschunterricht ergeben sich daraus verschiedene Konsequenzen.

Authentizität **a) Einbetten in sinnvolle Funktionszusammenhänge:** Die Unterstützung des Erwerbs mündlicher Sprachfähigkeiten sollte in Situationen authentischen Sprachhandelns stattfinden. Formate und Methoden wie der Erzählkreis versuchen diesem Maßstab gerecht zu werden, das Beispiel zeigt aber auch, wie schwierig diese Übertragung tatsächlich ist. Hier müssen Lehrer*innen im Blick behalten, dass die im Unterricht initiierten Sprechsituationen den Erfordernissen des mündlichen Sprechens möglichst gerecht werden. Zudem sollte das Verhältnis der medial mündlichen Äußerungen zur konzeptionellen Ebene der Sprache berücksichtigt werden. In einem Gespräch ist es z. B. durchaus üblich, auf eine Frage minimalistisch mit einem Wort zu antworten. Viele Lehrende fordern bei Kindern in einer unterrichtlichen Gesprächssituation allerdings das Antworten im Satz ein. Diese Orientierung an der eher schriftlichen Standardsprache ist in der dialogbasierten mündlichen Gesprächssituation eher unnatürlich und schafft ggf. eine unterrichtliche Sprachkonvention, die eine spezielle, unnatürliche Sprachverwendung in der Schule hervorbringt. Das kann sinnvoll sein, um das konzeptionell schriftliche Sprachhandeln anzubahnen, ist aber gleichzeitig ein Bruch mit den üblichen Formen der mündlichen Sprachverwendung. Das muss abgewogen werden.

Gleichzeitigkeit **b) Realisierung von Gesprächen:** Beim Sprechen kommt es nicht nur auf die passende Wortwahl und Formulierung an. Gelernt werden muss auch, wie Gespräche organisiert werden und welche interaktiven Bedingungen gelten. Gerade in der großen Gruppe der Schulklasse ist es mitunter ausgesprochen schwierig, einen eigenen Gedanken zu einem Thema passend zu äußern. Anders als in einem direkten Gespräch unter wenigen muss ein Gesprächsbeitrag angezeigt und mitunter in eine Warteschlange eingeordnet werden. Während andere vorgelagerte Beiträge dann den Gesprächsfaden in andere Bahnen lenken, muss der eigene Gesprächsbeitrag erinnert und dann sinnvoll ins Gespräch eingeflochten werden. All das erzeugt eine starke Gleichzeitigkeit von Hören, Erinnern und Konzipieren und erfordert ein hohes Maß an sozialen Kompetenzen und Routinen bei der Gesprächsbeteiligung.

Aktivität **c) Aktives Zuhören:** Eine besondere und oft übersehene Bedeutung kommt dabei auch dem Zuhören zu. Das Hören ist keinesfalls nur die sinnliche Bedingung für Sprachverständnis und die Voraussetzung für die Möglichkeit, auf einen anderen Gesprächsbeitrag zu reagieren. Das Hören ist ein zentraler Teilprozess des Gesprächs und als aktiver Vorgang zentral. Auf Seiten der Hörenden muss aktiv zwischen für den Gesprächsverlauf wichtigen und unwichtigen Informationen unterschieden werden. Diese Selektion geht einher mit der Analyse der verschiedenen Kommunikationsmodalitäten. Nicht nur die Bedeutung der gehörten Wörter und Sätze, auch die Sprechmelodie und der atmosphärische Unterton spielen eine zentrale Rolle. Wird die Stimme zum Ende einer Aussage angehoben, signalisiert das eine Fragehaltung der Gesprächspartner*in, auf die reagiert werden muss, selbst wenn die Aussage nicht explizit als Frage formuliert war.[17] Weiterhin hören Menschen nicht nur mit den Ohren. Die Multimodalität macht das Rezipieren zu einer sinnlich vielfältigen Handlung, die ebenfalls entwickelt und geübt werden muss. Über das Hören werden dann auch neue sprachliche Muster (Wörter, Wendungen, etc.) aufgenommen, die später in den eigenen aktiven Sprachgebrauch integriert werden können.

Körperlichkeit

d) Szenisches Spielen: Zudem kann sich die Sprachförderung nicht ausschließlich auf Sprache beschränken. Mit dem darstellenden Spielen wird auch der ganzkörperlichen Charakteristik des mündlichen Sprachhandelns entsprochen. In pointierter Weise können Sprache (inklusive Stimmmodulation) und außersprachliche Handlungen (z. B. Körperhaltung, Mimik, Gestik) in Einklang gebracht werden und sich jeweils gegenseitig unterstützend zur Aussage führen.

Mündliche Schriftlichkeit

e) Hinführung zur Schriftlichkeit: Wie schon oben deutlich geworden ist, kann das medial mündliche Sprachhandeln eine wichtige Funktion bei der Anbahnung konzeptioneller Schriftlichkeit übernehmen. Narrative Sprechsituationen im Feld des Erzählen 2 sind eher monologisch und sprachlich stark strukturiert (orientiert an der Geschichtenform). Sie können die Produktion schriftförmiger Sprache anbahnen und die konzeptionelle Schriftlichkeit im geläufigen Medium des Mündlichen festigen. Dabei scheint das Erzählen von ausgedachten Fantasiegeschichten den kindlichen Sprachkompetenzen besonders gut zu entsprechen (zum Überblick: vgl. Naugk 2018, 90 ff.; auch Becker 2015). Kindern gelingt es insbesondere in dieser Erzählform, einen dichten und sprachlich kohärenten Handlungsstrang und eine auf einen Höhepunkt hin orientierte Geschichte zu erfinden, während z. B. Erlebniserzählungen tendenziell viel höhere Ansprüche an die sprachliche Produktivität stellen. Das ist auch deshalb

17 Zum Beispiel kann die Aussage „Gestern habe ich Peter gesehen. Er war mit einer jungen Frau unterwegs." je nach Sprechmelodie als einfache Feststellung, als Frage (Implizit: „Ist er nicht mehr mit Susanne zusammen?") oder als delikates Gerücht (Implizit: „Weiß seine Frau davon?") gelesen werden.

besonders interessant, weil im Deutschunterricht der Grundschule offensichtlich die Erlebniserzählung deutlich häufiger zum Einsatz kommt als die Fantasieerzählung.[18]

Inkubationsphase der Mündlichkeit

Neben der herausgehobenen Funktion des mündlichen Erzählens für die Entwicklung bildungssprachlicher (konzeptionell schriftlicher) Kompetenzen, hat das Erzählen auch eine wichtige Funktion für die kulturelle Bildung. Die Erzählkultur gehört sicherlich zu den ältesten Formen des ästhetischen Sprachgebrauchs und auch das für heutige Kinder noch zentrale kinderliterarische Genre der Märchen beruft sich auf eine frühe Tradierung in der Mündlichkeit. Des Weiteren spielen mündliche Erzähltraditionen auch in den Kulturen des Nahen Ostens eine wichtige Rolle, sodass das mündliche Erzählen von Märchen und Geschichten zudem das interkulturelle Lernen in der Migrationsgesellschaft fördern kann.

Erzählprojekte in der Schule

Ein besonders beeindruckendes Beispiel sind die von der Erzählforscherin Kristin Wardetzky angeregten Projekte *ErzählZeit*[19] und *Erzählkunst*[20] in Berlin. Beide Initiativen bieten Erzählprojekte für Kinder an, wobei im Rahmen von ErzählZeit in Berliner *Brennpunktschulen* professionelle Erzähler*innen regelmäßig (i. d. R. einmal pro Woche) über einen längeren Zeitraum Geschichten aus aller Welt erzählen. Die Kinder, die in den meisten Fällen mit einer nichtdeutschen Familiensprache aufgewachsen sind, hören diese Texte, die nicht spezifisch vereinfacht wurden. Lange Zeit scheinen sie eher passiv beteiligt zu sein, bevor sie beginnen, Geschichten aus der letzten Woche nachzuerzählen und zunehmend auch eigene Märchen und Geschichten zu erfinden, zu erzählen und aufzuschreiben. Über die Jahre zeigen sich erstaunliche Entwicklungen:

> *Die Texte, die die Kinder nach einer langen Phase des Zuhörens und freien Erzählens verfassen, zeugen von einer beachtlichen Fertigkeit im Umgang mit den Stilgesetzen des Märchens, ohne dass sie jemals darin unterrichtet wurden.*
>
> *(Wardetzky 2010, 47)*

Kristin Wardetzky nennt diesen Effekt *Inkubationsphase der Mündlichkeit* (vgl. ebd., 46). Das Wichtige dabei ist, dass dieser Prozess

---

18 In einer Untersuchung an Frankfurter Grundschulen stellten Schramm et al. fest, dass von den 523 beobachteten Narrationen 87,4 % Erlebniserzählungen, 6,1 % Nacherzählungen, 4,4 % Bildererzählungen und nur 2,1 % Fantasieerzählungen waren (Schramm et al. 2011, 87 ff.).

19 http://www.erzaehlzeit.de (09.04.2019)

20 http://erzaehlkunst.com (09.04.2019)

eher beiläufig geschieht, auf einer intensiven und regelmäßigen Begegnung mit den Märchen in einer hochwertigen künstlerischen Fassung beruht, die nach und nach zum eigenen Nachahmen und Adaptieren der erlebten Muster und Motive einlädt. So bildet sich implizit, also ohne konkrete Anleitung und explizite Wissensvermittlung, eine Fähigkeit heraus, die die Kinder für das eigene Erzählen im zunehmend konzeptionell schriftlichen Modus nutzen können. Dabei finden die Kinder Zugang zu traditionellen Formen der deutschen Kultur, gleichzeitig haben sie aber über die internationalen Erzähler*innen auch Zugang zu sprachlichen Formen ihrer Herkunftskulturen und den Erzähltraditionen anderer Kulturkreise. Das schafft eine gute Grundlage für sprachliche Bildungsprozesse, die kulturelle Vielfalt nicht überwinden, sondern produktiv nutzen wollen.

Zur Rolle der Lehrer*innen

Sprachvorbild sein

Gerade an Lehrer*innen stellt der Lernbereich *Sprechen und Zuhören* besondere Anforderungen. Sie müssen sich immer wieder bewusstmachen, welche Ansprüche an Sprache in den jeweiligen Situationen des unterrichtlichen Sprachhandelns gerade relevant sind. Dabei müssen sie auch ihre eigene Rolle immer wieder überprüfen. Sind sie in einer Situation für die Kinder gleichberechtigte Interaktionspartner*innen, Moderator*innen, Vorbilder oder strukturierende Autoritäten? Die jeweilige Entscheidung hat Einfluss auf die Art und Weise, wie Lehrkräfte ihr eigenes Sprachhandeln der Situation anpassen. Das ist bei einer engen Verzahnung von Sprache als Medium und Gegenstand nicht immer einfach zu überblicken.

Zum Weiterdenken

1) Befragen Sie Lehrer*innen, wie sie das Verhältnis von mündlichen und schriftorientierten Angeboten in ihrem Unterricht beschreiben würden. Wie begründen sie diese Gewichtung?
2) Besuchen Sie die Homepage des ErzählKunst e.V. Schauen Sie sich die Video-Dokumentation „Erzählen für und mit Geflüchteten“ (http://erzaehlkunst.com/heimat/ (09.04.2019)) an. Wodurch gewinnt das Erzählen der Kinder und Jugendlichen an Intensität? Welche Bedeutung können solche Angebote in der Schule bekommen?

Zum Weiterlesen

Naugk, Nadine/Ritter, Michael/Wildemann, Anja (Hrsg.)(2018): Erzählkulturen. Themenschwerpunkt. In: Grundschule Deutsch 15 (2018) H. 57.

Wardetzky, Kristin (2010): Schwimmen lernen. In: Die Grundschulzeitschrift 24 (2010) H. 231, 44–47.

4. Texte schreiben

Die Schule des Schreibens

Kinder stehen in der Grundschule am Anfang eines Lebens in einer Schriftwelt. In der Schule erwerben sie wichtige Grundlagen im Umgang mit der Schrift als Voraussetzung für weitere Bildungsprozesse und eine selbstständige Alltagsbewältigung. Auch für die Entwicklung der Persönlichkeit, für die Fähigkeit, eigene Meinungen und Vorstellungen artikulieren und kommunizieren zu können, ist die Fähigkeit zum reflektierten schriftförmigen Sprachgebrauch wichtig. Deutschunterricht und Demokratieerziehung liegen durchaus eng beieinander.

Lehrgangskonzeptionen

Weit auseinander liegen hingegen die Vorstellungen dazu, wie dieses Ziel am besten erreicht werden kann. Welche Anregungs- und Unterstützungsstrukturen kann und soll die Schule schaffen, um Kinder bei dieser lange währenden und anstrengenden Aufgabe bestmöglich zu unterstützen? Bezogen auf das Verfassen eigener Texte können diese Fragen noch präzisiert werden: In welcher Reihenfolge müssen die zum Schreiben nötigen Teilfähigkeiten wie die Handschrift, die Rechtschreibung, die Formulierungs- und Textstrukturierungsfähigkeiten erworben werden? Dass diese Frage sehr alt ist, kann man an den beiden folgenden Zitaten gut erkennen. Beide stammen von Lehrern aus der Zeit des deutschen Kaiserreichs um 1900 und thematisieren die Vorstellungen ihrer Autoren zur Frage, inwiefern Kinder bereits in den *unteren Bildungsgängen* zu eigenständigen Textproduktionen in der Lage sind.

> *Wirkliche Produktionen aber sind in der Volksschule besonders deshalb unmöglich, weil das Kind nicht Vorstellungen haben kann, wenn sie ihm nicht zugeführt sind. Das Kind ist weder Forscher noch Philosoph, sondern eben Schüler, der empfängt und wiedergibt, was er aufgenommen hat.*
>
> (Nadler 1889/1897, 413)

> *Mit diesem Aufsatz suchen wir im Kinde die mannigfachsten Kräfte zu wecken und zu pflegen: Seine Phantasie, seine Erinnerungskraft, seine Beobachtungsgabe, seine Urteilskraft (in moralischen, ästhetischen und sachlichen Dingen), natürlich auch sein Gefühl für sprachliche Darstellung.*
>
> (Gansberg 1911, 132)

Die innerhalb weniger Jahrzehnte geäußerten Vorstellungen zum Aufsatzunterricht, wie man den Lernbereich *Schreiben – Texte ver-*

fassen lange Zeit bezeichnete, könnten unterschiedlicher nicht sein. Während Nadler der Auffassung war, dass das Schreiben für die meisten Kinder eine rein reproduktive Übungstätigkeit sein sollte, war der Bremer Reformpädagoge Fritz Gansberg gänzlich anderer Meinung. Für ihn waren gerade das eigene Erleben der Kinder, ihr Alltag und ihre Erfahrungen, der Ausgangspunkt für die sprachliche Produktivität. Mit dem *Konzept des freien Aufsatzes* (vgl. ausführlich Ritter 2008, 43 ff.) setzten Lehrer*innen wie Gansberg der traditionellen Aufsatzschulung, wie sie Nadler vertrat, eine gänzlich andere Konzeption vom Schreiben entgegen. Lehrer*innen wie Nadler standen für einen Unterricht, der sich auf das Einüben fester Formen beschränkte und den Lernenden keinerlei eigenständige Gestaltungskraft zubilligte. Gansberg hingegen gehörte zur Gruppe der Aufsatzreformer*innen, die sich um die Jahrhundertwende im Rahmen der vielfältigen *reformpädagogischen Strömungen* dieser Zeit (vgl. Idel/Ullrich 2017) formierten, das Kind als erlebendes und sprechendes Subjekt in den Mittelpunkt rückten und den Aufsatzunterricht ab Schuleintritt an den kindlichen Interessen und Vorstellungen ausrichten wollten. Radikal formuliert das Alois Scheiblhuber: „Was und wie soll also der Schüler am Anfange des Aufsatzunterrichts schreiben? Was er will und wie er es kann." (Scheiblhuber 1919, 2)

Freie Aufsätze

Lernen in Interaktion

Was hat diese über 100 Jahre alte Diskussion mit der Gegenwart zu tun? Auch heute noch scheinen in der schulischen Praxis des Textschreibens ganz ähnliche Positionen aufeinander zu treffen. Auch wenn heute niemand mehr einem Friedrich Nadler zustimmen würde, Kinder wären zu eigenständigen Sprachproduktionen nicht in der Lage, so stellt sich doch die Frage, was den Anfang machen sollte: Müssen Kinder zuerst einmal die Grundlagen des Schreibens erwerben, bevor sie selbstständig schreiben können, oder sollte der Erwerb dieser Kompetenzen – wie auch beim mündlichen Spracherwerb – aus der aktiven Nutzung der Schriftsprache heraus angeregt werden. Denn beim Sprechenlernen ist es ja genauso: Das Kind entwickelt in interaktiver Auseinandersetzung mit seiner sprechenden Umwelt erste Kommunikationsbedürfnisse (vgl. Kap. 3). Es teilt sich mit ganz einfachen Mitteln mit und erweitert durch die Anregungen seiner Umwelt aktiv seine Sprachfähigkeiten. Von Anfang an ist das Sprechenlernen aber funktional, es geht dem Kind also um den Inhalt. Die Sprache selbst entwickelt sich beiläufig.

Die Frage ist nun, ob dieses Lernprinzip auf das Textschreiben übertragen werden kann. Sicherlich bestehen starke Analogien zwischen mündlichem und schriftlichem Sprachgebrauch. Gleichzeitig sind Kinder beim Schriftspracherwerb älter und haben damit auch andere Möglichkeiten des Lernens entwickelt und die systematischen Unterschiede zwischen mündlicher und schriftlicher Sprache (vgl. Kap. 2) können auch nicht einfach übersehen werden. Die Antwort kann also nicht so einfach sein. Vielmehr ist man sich heute im Umfeld der Schreibdidaktik einig, dass das Schreibenlernen angemessene Formen der Anleitung und der systematischen Vermittlung bestimmter Fähigkeiten braucht, aber von Anfang an auch an die individuellen Vorstellungen und eigenen Ausdrucksbedürfnisse der Schüler*innen anknüpfen sollte. Worin diese angemessenen Formen bestehen und wie das Verhältnis von Anleitung und eigenem Schreiben gestaltet werden kann, dazu gibt es dann allerdings viele, mitunter auch sehr unterschiedliche Auffassungen (vgl. in diesem Kapitel: *Konzepte der Schreibdidaktik*).[21]

Kinder schreiben – Schreibdidaktische Anforderungssituationen

Kinder schreiben

Bislang ist nur über didaktische Grundsätze gesprochen worden. Wie stellt sich das Schreiben von Texten in der konkreten Praxis von Kindern dar? Dazu im Folgenden zwei Beispiele.[22] Zuerst der Text von Paul. Entstanden ist er zu dem Gedicht *Das Freudenlied des Tsoai-Talee* des indigenen Dichters N. Scott Momaday in einer Übersetzung von Käthe Recheis und Georg Bydlinski (vgl. Recheis/Bydlinski 1997, 96 ff.). Die Kinder hatten zu Beginn des zweiten Schuljahrs das Gedicht zusammen erarbeitet. Dazu waren die Verszeilen einzeln vorgelesen worden, bevor sie das Gedicht als Ganzes hörten. Eine intensive Diskussion über die geheimnisvollen Naturbilder führte zur Formulierung eigener Ich-bin-Sätze, die die Schüler*innen über sich selbst erfanden. In Anlehnung an das Gedichtmuster der identischen Zeilenanfänge wurden dann eigene Ich-bin-Gedichte verfasst.[23]

Ich

Ich bin ein Affenbär.
Ich bin ein Junge.
Ich bin ich bin.
Ich bin Paul, weil ich
so lustige Gedichte schreibe.

Paul (2. Schuljahr, Oktober)

---

21 Eine Flash-Animation zu Positionen der Schreibdidaktik des 20. Jahrhunderts findet sich auch hier: http://www.schreibritter.de/swf/zeitstrahl.html (13.04.2019).

22 Aus Platzgründen müssen hier leider wenige Beispiele ausreichen. Weitere Besprechungen von Texten finden sich z. B. bei Kohl/Ritter (2018, 133 ff.). Weiterhin bietet das Archiv für Kindertexte „Eva Maria Kohl" eine mittlerweile auf ca. 120.000 Texte angewachsene Sammlung an Texten von Kindern aus den vergangenen ca. 120 Jahren: https://schulpaed.philfak3.uni-halle.de/kindertextarchiv (12.04.2019).

23 Zur ausführlichen Darstellung des Unterrichtsverlaufs vgl. Ritter/Hennies (2014).

Paul ist ein Schüler mit einem sehr geringen Selbstvertrauen. In der Regel braucht er viel Bestätigung, dass sein Handeln im Unterricht den Anforderungen entspricht. Mit der Aufforderung, ein eigenes Gedicht zu schreiben, ist er zunächst einmal überfordert. Er reagiert, wie oft in einer solchen Situation, mit Albernheit; der Wortneuschöpfung des <Affenbär>. Danach zieht er sich beim Formulieren weiterer Gedichtzeilen aber auf eher sicheres Terrain zurück. Zuerst stellt er fest, ein Junge zu sein. Dann reduziert er die weitere Äußerung auf eine Wiederholung des vorgegebenen Zeilenanfangs. Beim Schreiben erkennt Paul jedoch seine eigene Wirksamkeit in diesem Prozess. Er bezeichnet seinen Text selbst als „lustiges Gedicht" und macht daran einen Aspekt seiner eigenen Identität fest. Das Schreiben ist ein Teil von ihm und er ist Paul, weil er eben so lustige Gedichte schreiben kann. Ganz nebenbei reformuliert er damit den bekannten ersten Grundsatz des französischen Philosophen René Descartes „Cogito ergo sum" („Ich denke, also bin ich."). Paul kennt weder Descartes noch dessen Erkenntnisphilosophie, doch drückt sein abschließender Vers nichts Anderes aus, als dass sich aus seinem Selbstwirksamkeitserleben ein Rückschluss auf seine Existenz und Identität ziehen lässt. Damit kann das Beispiel einen kleinen Hinweis darauf geben, wie vielschichtig die Erfahrungen sind, die Kinder bereits am Anfang einer Schreibbiografie mit dem eigenen Schreiben machen können. Es geht eben nicht nur um die Bewältigung einer Schreibaufgabe und bestenfalls ein wenig Freude am fertigen Produkt. Das Schreiben wird vielmehr zur (selbst-)erkenntnisleitenden Tätigkeit mit Potenzial zur Identitätsbildung.

Fähigkeit und Situation

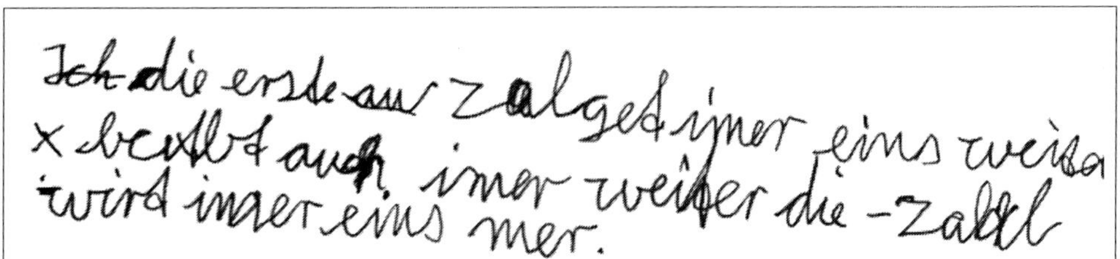

Abb. 10: Notizen für die Lösung einer Mathematikaufgabe, Max (3. Schuljahr)

Eine andere Perspektive eröffnen die beiden folgenden Beispiele. In Abb. 10 sind die Notizen und Erklärungen eines Drittklässlers zu sehen, der sich mit einem schwierigen mathematischen Problem auseinandersetzt. Die Aufmerksamkeit ist voll auf den Inhalt gerichtet, die Form, besonders Handschrift und Rechtschreibung, gelingt dabei kaum überzeugend. Abb. 11 hingegen zeigt ein Schreibbeispiel desselben Schülers, das nur wenige Tage später im Deutschunterricht nach Diktat entsteht.

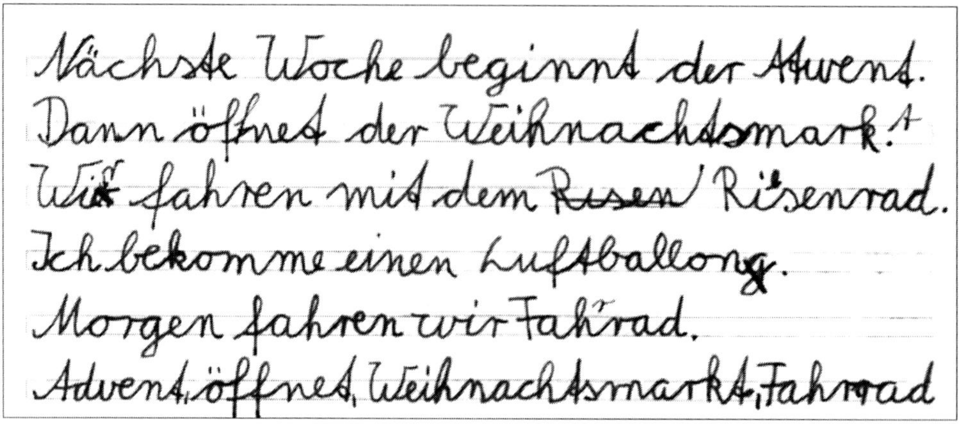

Abb. 11: Schreiben nach Diktat, Max (3. Schuljahr)

Das Schriftbild ist kaum wiederzuerkennen. Während oben Handschrift und Orthografie nur unbeholfen genutzt werden, ist der Junge hier in der Lage, eine formklare Handschrift und eine in weiten Teilen normgerechte Orthografie zu nutzen. Nun kann dieses Phänomen nicht auf einen Lernzuwachs zurückgeführt werden, da beide Ergebnisse fast zeitgleich entstanden sind.

Offensichtlich unterscheiden sich die beiden Schreibsituationen. Ist Max die Form der Schrift im Mathematikunterricht einfach nur nicht wichtig? Diese Deutung wäre irreführend, wie sich schnell zeigen lässt. Im Fall der ersten Schreibprobe steht ein mathematisches Problem im Mittelpunkt, das Schreiben ist eher Mittel zum Zweck des Notierens der Überlegungen. Geschrieben wird in einer Situation, die vielfältige Ansprüche stellt.[24]

- *Kontextualisierung:* Es gilt eine mathematische Herausforderung zu bewältigen und zu verstehen und diese zur Sprache zu bringen. Fragen: Wie kann ich meine Überlegungen in angemessener

24 Mit den Begriffen Kontextualisierung, Vertextung und Markierung beschreibt Uta Quasthoff (2009) die Aufgaben, die ein Erzähler beim Generieren einer Erzählung bewältigt. Auch wenn diese für medial mündliche Erzählungen erarbeitet wurden, können sie auch auf schriftliche Darstellungsformen angewandt werden.

Weise schriftlich vermitteln? Was wird von mir in der aktuellen Situation erwartet?

- *Vertextung:* Dazu muss eine passende Textform gefunden werden, die das Problem nachvollziehbar strukturiert. Fragen: In welcher Reihenfolge sollten die Informationen angeordnet werden? Gibt es Anforderungen an die gewählte Textsorte?
- *Adressat*innenorientierung:* Schreibende brauchen eine klare Vorstellung, für wen sie schreiben und was aus der Perspektive der Adressat*innen notwendig ist, um die sprachliche Botschaft verstehen zu können. Hier macht es zum Beispiel auch einen großen Unterschied, ob der Text an die Lehrer*in als an der Situation Beteiligte oder an eine andere Personengruppe außerhalb der konkreten Unterrichtssituation geschrieben wurde. Fragen: Was muss gesagt werden? Was kann ich als Kontextwissen voraussetzen? Was wissen meine Leser*innen?
- *Markierung:* Auf der Ebene der konkreten Formulierungen müssen passende Wörter gefunden, ausgewählt, richtig kombiniert und ggf. grammatisch angepasst werden (Konjugation, Deklination, etc.). Zur Markierung gehört auch die äußere Form des Textes, die handschriftliche und orthografische Realisierung auf dem Papier. Fragen: Welche Worte treffen meine Aussageabsicht möglichst genau? Wie wird Wort X oder Y geschrieben?
- *Evaluierung:* Max muss sich auch fragen, ob das Ergebnis seines Schreibprozesses zu seinen Zielen und den Anforderungen an die Situation passt. Fragen: Welche Kriterien werden an den Text angelegt? Worauf werden meine Leser*innen besonders Wert legen?

Vielfältige Anforderungen

Diese Vielzahl an gleichzeitig sich überlagernden Aufgabenfeldern, die der achtjährige Max bearbeiten muss, zeigt die hohe Belastung, die in der Situation auftritt. Die zur Verfügung stehenden (kognitiven) Arbeitskapazitäten verteilen sich auf viele verschiedene Aufgabenfelder. Da seine Schreibfähigkeiten an vielen Stellen noch nicht automatisiert ablaufen, fehlen die Kapazitäten hier zum Erreichen prinzipiell möglicher Leistungen in den einzelnen Teilbereichen. In der Diktatsituation sieht es gänzlich anders aus. Der Text wird von der Lehrer*in vorgegeben, ein inhaltlicher Anspruch besteht also kaum. Weder muss Max die Kontextualisierung, noch die Vertextung vornehmen. Auch über seine Adressat*innen muss er sich keine Gedanken machen. So kann er seine gesamte Konzentration auf die Markierung richten. Die einzelnen, dafür nötigen Prozesse erhalten viel Aufmerksamkeit und können dadurch auf hohem Niveau bewältigt werden. Als Resümee kann man aus der Beobachtung Verschiedenes ableiten:

1) Max kann bereits vielfältige Anforderungen auf verschiedenen Ebenen des (Schrift-)Sprachgebrauchs bewältigen. Die Automatisierung der Basisfähigkeiten wie der Handschrift ist aber noch nicht umfassend entwickelt. Erst wenn hier ausreichend Routinen gebildet worden sind, können diese Tätigkeiten auch bei hoher Textschwierigkeit automatisiert in hoher Qualität realisiert werden.
2) Das Diktat bietet nur begrenzte Auskünfte über die tatsächlichen funktionalen Rechtschreibfähigkeiten des Jungen. Diese stellen sich in verschiedenen Schreibsituationen ganz unterschiedlich dar. Die Aussagekraft von Diktaten zur Leistungserhebung ist daher sehr fragwürdig.
3) Das Textschreiben verlangt viel von dem Jungen, was dieser noch nicht vollständig erfolgreich koordinieren und bewältigen kann. Für das Einüben von Teilfähigkeiten kann es sinnvoll sein, konkrete Übungen anzubieten. So können Handschrift und Rechtschreibung z. B. mit passenden Diktatformen geübt werden, die hohen konzeptionell schriftlichen Anforderungen des Kontextualisierens und Vertextens können Kinder aber auch im Medium der Mündlichkeit beim Berichten und Erzählen entlastet von den schriftsprachlichen Markierungsaufgabe entwickeln (vgl. Kap. 3).
4) Um allerdings mehr Routinen beim Textschreiben und damit auch eine geläufigere Koordinierung der Teilfähigkeiten und die Realisierung umfassend lesbarer und verständlicher Texte zu erreichen, muss auch das Textschreiben immer wieder und vor allen Dingen von Anfang der Schulzeit an ermöglicht und geübt werden. Es wäre die falsche Konsequenz, in dieser Situation zu meinen, das Verfassen des Textes überfordere Max und sei deshalb zugunsten von Teilleistungsübungen zurückzustellen. Vielmehr muss das Üben der verschiedenen Teilfähigkeiten von Anfang an mit dem Schreiben in seiner ganzen Komplexität einhergehen, um zunehmend auch mit eben dieser Komplexität umgehen zu lernen. Zudem kann der Schriftgebrauch nur so als persönlich bedeutsamer und sinnvoller Prozess erlebt werden, was wesentlich für den Aufbau einer nachhaltigen Motivation sein sollte.

An den Lehrer*innen ist es dann allerdings, die Ergebnisse in die Lernentwicklung der Kinder einzuordnen und angemessene Erwartungen an die schriftsprachliche Qualität der Texte zu entwickeln. Im Unterricht braucht es ein sinnvolles Miteinander von gezielten Übungsangeboten und produktiven Schreibzeiten, sowie eine geduldige Begleitung der Lehrkräfte bei der zunehmend souveränen Koordinierung der verschiedenen Aufgabenbereiche.

Konzepte der Schreibdidaktik

Dieses Kapitel einleitend war bereits auf die historische Entwicklung der verschiedenen Konzeptionen der Aufsatzdidaktik verwiesen worden. In der Gegenwart sind es besonders drei voneinander relativ klar unterscheidbare Zugänge zum Schreiben, die den Grundschulunterricht im Lernbereich *Schreiben – Texte verfassen* prägen.

Eigene Texte

a) Freies Schreiben: Diese Konzeption leitet sich aus den oben bereits aufgerufenen reformpädagogischen Überlegungen rund um den freien Aufsatz ab (vgl. Sennlaub 1998). Im Rahmen zumeist offener Unterrichtsphasen wird es Kindern freigestellt, wie sie ihre Texte gestalten; was sie schreiben, worüber, in welcher Form, in welchem Umfang und zu welchem Zweck sie möchten (vgl. Spitta 1988).[25] Die Grundidee dabei ist, Kindern Handlungsspielräume zu eröffnen, um in der schriftlichen Äußerung das zu thematisieren, was im Moment des Schreibens innere Betroffenheit und Interesse auslöst, sei das nun ein Erlebnis der letzten Tage, von dem berichtet wird, eine Fantasiegeschichte, ein Gedicht, Rätsel oder eine andere Textsorte. Damit verbunden ist, dass Kinder von Beginn an die Verantwortung für ihren Schreibprozess selbst übernehmen sollen. Von der Entscheidung für ein Thema und eine Form an planen und gestalten sie ihren eigenen Schreibprozess (vgl. unten *Prozessorientierung*) selbstbestimmt bis zu einem Ergebnis, das vor dem Hintergrund ihrer eigenen Motivation zum Schreiben persönliche Bedeutung erlangt. Eingrenzende Vorgaben gibt es nicht. Die entstehenden Texte können dann aber zum Ausgangspunkt gemacht werden, um an den konkreten Beispielen z. B. Kriterien der Textgestaltung, Textsortenmerkmale etc. zu erarbeiten (vgl. z. B. Leßmann 2013, 91 ff.).

Schreibimpulse

b) Kreatives Schreiben: Auch das kreative Schreiben stellt das Kind als schreibendes Subjekt in den Mittelpunkt, der Schreibprozess wird aber durch einen *Schreibimpuls* angeregt (Kohl 2005). Anders als Schreibaufgaben nehmen Schreibimpulse nicht schon einen fertigen Text vorweg, der von den Schüler*innen möglichst adäquat rekonstruiert werden soll (zum Gegensatz von Schreibaufgabe und Schreibimpuls vgl. Ritter 2010), sondern Schreibimpulse sollen Anstoß für individuelle und kreative Prozesse bieten. Mit Hilfe von Erzählbildern, Sprachspielen, Geschichtenanfän-

25 Der praktizierende Lehrer Gerhard Sennlaub ging in seiner Streitschrift *Spaß am Schreiben oder Aufsatzerziehung* sogar so weit, dass er den Kindern auch freistellte, ob sie überhaupt schreiben möchten. „Wenn Schreiben wirklich eine tolle Sache ist, wie wir Lehrer behaupten, werden über kurz oder lang alle Kinder der Klasse schreiben. Damit beginnt ‚Schülerzentriertheit': Die Kinder müssen schreiben wollen. Sie müssen gern schreiben." (Sennlaub 1998, 19)

gen u. ä. oder auch zu literarischen Vorlagen (vgl. Pascals Text in Kap. 1 oder Pauls Text oben) entstehen fantasiegeleitete und spielerische Schreibprozesse. Eva Maria Kohl formuliert das folgendermaßen: Der Schreibimpuls „inszeniert Übergänge von der Alltagswirklichkeit in die fantastische Geschichtenwelt. [...] Gelingt es [der Anregung], dass die kindliche Neugier, die spontane Lust am Entdecken, Erfragen, Erkunden, Gestalten entfacht wird?" (Kohl 2001, 6) Auch hier ist der innere Antrieb wichtig für das unterrichtliche Lernen. Nach Kaspar Spinner (1994) sind *drei Prinzipien* für das kreative Schreiben charakteristisch: Mit Hilfe einer unvorhergesehenen Wendung *(1. Irritation)* fordert der Schreibimpuls die eigene Fantasie heraus und erzeugt Vorstellungsbilder *(2. Imagination)*, die wiederum zur Sprache gebracht und im Text ausgearbeitet werden *(3. Expression)*. Ein weiterer zentraler Unterschied zum freien Schreiben ist auch die soziale Dimension des Schreibens. Während beim freien Schreiben jedes Kind sein eigenes Schreibvorhaben verfolgt, das ggf. am Ende im Rahmen einer Präsentation auch in der Klasse sichtbar wird, ist das kreative Schreiben von Anfang an als gemeinschaftlicher Prozess organisiert. Die gemeinschaftlich erlebte Inszenierung des Schreibimpulses rahmt den Schreibprozess und gibt dem individuellen Handeln der Kinder beim eigenen Schreiben eine gemeinsame Verbindung, die bis zur Präsentation spürbar ist. Daher sind kreative *Schreibszenarien* (Kohl/Ritter 2018) auch eher projektförmig organisiert, während das freie Schreiben eine viel stärker methodisch individualisierte Tätigkeit ist.[26]

Lehrgang

c) Angeleitetes Schreiben/Vermittlung von Teilfertigkeiten: Hier steht die Vermittlung konkreter Textsortenmerkmale und Gestaltungsprinzipien von Texten beim Schreiben im Mittelpunkt. Der Unterricht geht also von konkreten Textphänomenen aus. Das Erlernen bestimmter Textmuster wie der Erzählstruktur und von schriftlichen Ausdrucksprinzipien (angemessene Sprache, vollständige Satzmuster, passende Satzverknüpfungen, etc.) wird angeleitet und lehrgangsförmig vermittelt.

Während über viele Jahre zwischen Vertreter*innen des freien und kreativen Schreibens und der eher als *traditionelle Aufsatzdidaktik* bezeichneten Didaktik des angeleiteten Schreibens eine heftige Kontroverse bestand und eine prinzipielle Entscheidung für das eine oder das andere Konzept forciert wurde, wird heute in der didaktischen

26 Einblick in die Arbeit einer Arbeitsgemeinschaft zum kreativen Schreiben bietet z. B. die Homepage https://schulpaed.philfak3.uni-halle.de/grundschule_bereiche_mitarbeiter/deutsch/archiv_fuer_kindertexte/sammelbestaende/sammelbestaende_schreibspielwiese/ (13.04.2019).

Diskussion eher das integrative Miteinander betont. Im Deutschunterricht sollten von Anfang an Strukturen und Anlässe für freie und kreative Schreibprozesse geschaffen werden, um Kindern einen interessengeleiteten und persönlich bedeutsamen Zugang zum Schreiben zu vermitteln, gleichzeitig schließt das aber nicht aus, immer wieder auch bestimmte Textmuster zum gemeinsamen Thema des Unterrichts und der Vermittlung und Übung zu machen. Insofern geht es heute wohl eher um die Balance der Ansätze und das sinnvolle Ineinandergreifen von impliziten Lernprozessen beim produktiven Schreiben und systematisierend-vermittelnden expliziten Lehrgangselementen.

Prozessorientierung

Doch nicht nur anhand solcher didaktischer Konzepte wird deutlich, was das Textschreiben heute prägt. Der mit dem oben besprochenen Beispiel des Drittklässlers eröffnete differenzierte Blick auf die Anforderungen geht einher mit einem veränderten Verständnis des Schreibens, das in Anlehnung an die Schreibforschung der 1970er- und 1980er-Jahre stärker auf den Prozess fokussiert. Lange Zeit richtete sich in der Diskussion um den Aufsatzunterricht wenig Aufmerksamkeit auf die einzelnen Phasen und Teilprozesse des Schreibens. Einen wichtigen Meilenstein stellte in dem Zuge das Schreibmodell nach John Hayes und Linda Flower dar (Abb. 12), das Ausgangspunkt für eine ganze Reihe an Versuchen war, den Schreibprozess in seiner Struktur und Eingebundenheit in eine Schreibsituation zu veranschaulichen.[27] Erstmals wurde damit die Vielzahl an Prozessen deutlich, die zwischen einer Schreibanforderung und dem fertigen Text liegen. Während gerade in der Didaktik bis dahin vor allen Dingen die Schreibaufgabe und der fertige Text im Blick waren, das Zustandekommen desselben aber wenigstens in der Literatur über das Aufsatzschreiben wenig Aufmerksamkeit erfuhr, ermöglichte das Schreibprozessmodell nun einen differenzierten Blick auf das Schreiben als Prozess.

Schreibprozess

Das Modell macht deutlich, dass das Schreiben mindestens in drei große Phasen zergliedert betrachtet werden kann. Ausgehend von einer Aufgabenstellung, die wichtige Rahmenbedingungen wie Thema, Adressat*innenkreis und Schreibmotivation bestimmt, beginnt ein Planungsprozess, der vor dem Hintergrund von Welt-, Text- und Situationswissen Ideen für einen Text generiert, Schreibziele klärt (Kontextualisierung) und erste Vorstellungen zum zu entwickelnden Text

27 Auch John Hayes hat 2012 ein viel stärker ausdifferenziertes Modell publiziert, hier scheint aber das Ausgangsmodell besser geeignet, den wichtigen Perspektivenwechsel in der Betrachtung des Schreibens sichtbar zu machen.

generiert (Vertextung). In einer Formulierungsphase (Markierung) werden diese umgesetzt und in einen vorläufigen Text übertragen, der in einer Evaluierungsphase an den gesetzten Zielen und den Rahmenbedingungen gemessen und ggf. revidiert und überarbeitet wird.

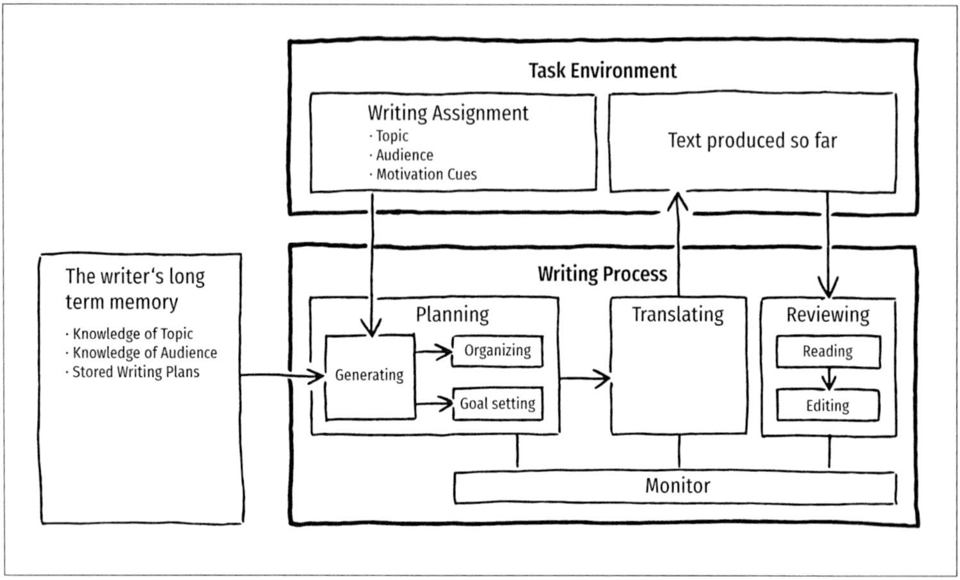

Abb. 12: Modell des Schreibprozesses (nach Hayes/Flower 1980, 11)

Rekursive Prozesse Gudrun Spitta hat auf dieser Basis den Zusammenhang der einzelnen Schreibphasen untereinander noch einmal anders akzentuiert. In ihrem Schreibprozessmodell (Abb. 13) sind die einzelnen Phasen des Schreibprozesses kreisförmig miteinander verknüpft. Deutlich wird, dass die Phasen nicht in einem strengen Nacheinander organisiert sind, sondern dass z. B. im Rahmen der Evaluation nach einem Schreibprozess mitunter auch die Zielbildungsprozesse präzisiert werden müssen. Beim Schreiben selbst verändert sich auch der Schreibplan immer wieder, es wird umstrukturiert, gestrichen und verändert. Alle Phasen des Schreibprozesses hängen eng miteinander zusammen und sind nicht unabhängig zu denken. Der Kreislauf des Schreibens wird in der Regel so lange durchlaufen, bis das Schreibziel als erreicht eingeschätzt und der Kreislauf verlassen wird.

Für die Schreibdidaktik hat das gravierende Konsequenzen. Lehrer*innen sollten allen Phasen des Schreibprozesses Aufmerksamkeit schenken. Dabei werden folgende Fragen wichtig: Was hilft bei der Initiierung von Schreibprozessen? Verfügen die Kinder über das Text- und

Weltwissen, um eine an sie gestellte Schreibaufgabe zu bewältigen? Wie gehen die Kinder beim Schreiben vor? Welche Strategien der Vertextung und Markierung werden angewandt? Wie kann die Evaluierung zur Verbesserung der Textqualität in Abgleich mit den Schreibzielen beitragen?

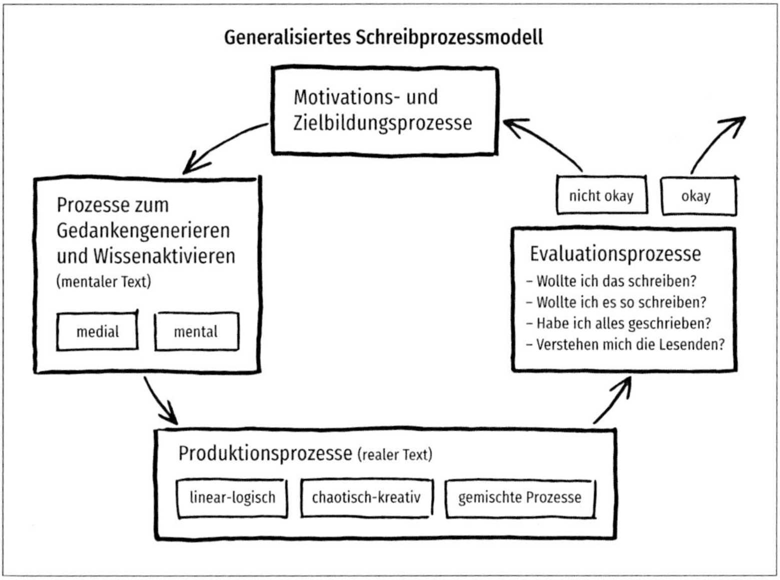

Abb. 13: Schreibprozessmodell (nach Spitta 1998, 20)

Überarbeiten

Gerade dieser letzte Punkt hat das Methodenrepertoire der Schreibdidaktik deutlich erweitert. War beim traditionellen Aufsatz die *Berichtigung* eher ein dem eigentlichen Schreiben nachgeordneter Prozess, so bekommt die *Überarbeitung* nun einen völlig neuen Stellenwert. Einen Text nicht als fertiges Produkt, sondern als vorläufiges Manuskript zu betrachten, macht das Überarbeiten zu einem selbstverständlichen Teil des Schreibens. *Schreiben heißt Überarbeiten*, so könnte man es etwas zugespitzt formulieren.

Dass Überarbeitungsprozesse auch schon bei Schreibanfänger*innen am Schulanfang beobachtbar sind, hat z. B. Christoph Jantzen (2012) eindrücklich beschrieben. Bei ihm findet sich auch ein ausdifferenziertes Modell der Überarbeitungskompetenz. Dennoch beginnt das systematische und angeleitete Überarbeiten in der Grundschule oft eher dann, wenn Kinder zunehmend geläufig eigene Texte produzieren. Dabei gilt es, passende und für die Kinder transparente Kriterien für die Beurteilung von Texten zu finden. Beate Leßmann (2011) schlägt hier die Methode der *Texthand* vor (Abb. 14).

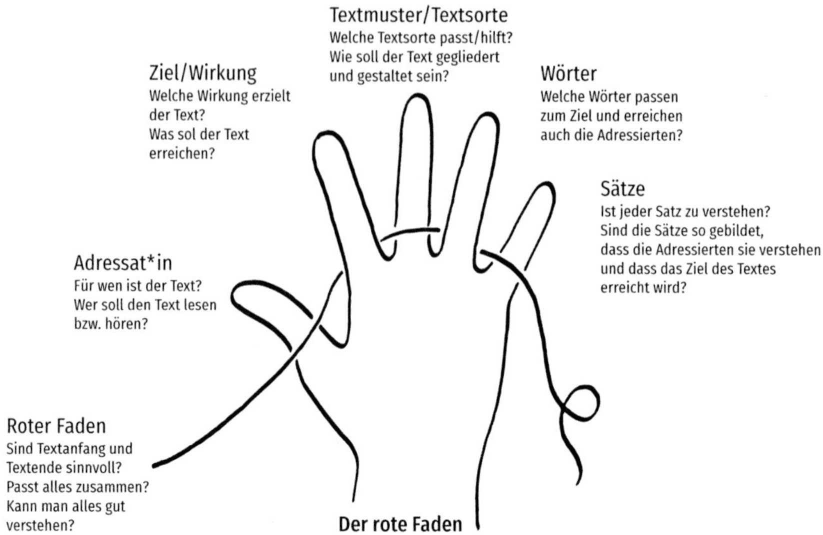

Abb. 14: Textbeurteilung mit der Texthand (nach Leßmann 2011, 44)

Texte beurteilen Anschaulich an den fünf Fingern entlang können verschiedene Kriterien erarbeitet und bei der konkreten Textbesprechung, zum Beispiel im Sitzkreis, zur Grundlage der Textanalyse gemacht werden. Zusätzlich zu den fünf Fingern kann ein roter Faden den inneren Zusammenhang der Textbestandteile symbolisieren. Die Methode kann zum einen von den Kindern selbst im Überarbeitungsprozess herangezogen, gleichzeitig aber auch zur Bewertung von Texten genutzt werden.

Die Arbeit mit solchen Kriterien setzt voraus, dass sich Kinder auf metakognitiver Ebene ihrer Schreibprozesse zunehmend bewusst werden (vgl. Kap. 7). Das ist auch ein wichtiges Ziel, um eben diese Prozesse bewusster steuern zu können. Es sollte aber auch bedacht werden, dass Überarbeitungskompetenzen langsam angebahnt werden müssen und Zeit bei der Entwicklung brauchen.

Schreibkonferenzen Als Methode für das Überarbeiten von eigenen Texten haben die von Gudrun Spitta in die Diskussion eingebrachten *Schreibkonferenzen* viel Aufmerksamkeit erfahren (vgl. Spitta 1989). Spitta schlägt vor, Kinder in kleinen Gruppen ihre Texte gegenseitig beraten zu lassen. Ist eine Schüler*in mit ihrem Schreibprozess an ein vorläufiges Ende gekommen, sucht sie sich zwei oder drei Beraterkinder, denen sie den Text vorliest. Diese geben inhaltliche und formale Rückmeldungen, klären Verständnisfragen und weisen auf mögliche Alternativen zur Überarbeitung hin. Die Überarbeitung selbst liegt dann bei dem Autorenkind und mündet in einer Reinschrift, die der Lehrer*in als fertiges Ergebnis vorgelegt werden kann. Es versteht sich von selbst, dass es sich dabei um einen ausgesprochen anspruchsvollen Vorgang handelt. Dennoch nimmt ein solcher Unterricht gerade den Maßstab der Prozessorientierung sehr ernst und etabliert ein Verständnis des Schreibens, das von Anfang an das Überarbeiten nicht als Ausdruck mangelhaften Sprachhandelns, sondern als notwendigen und sinnvollen Bestandteil des Schreibprozesses – auch von erwachsenen und versierten Schreibenden – mitdenkt und bei Kindern eine große Bewusstheit im Umgang mit den einzelnen Phasen des Schreibprozesses anbahnt.

Intertextualität

Texte zwischen Texten

Neben dem Prozess sind auch die Textstrukturen in den letzten Jahren mehr und mehr in den Blick geraten. Einen wichtigen Anstoß dafür gab Mechthild Dehns Buch *Texte und Kontexte. Schreiben als kulturelle Tätigkeit* (1999, in der erweiterten Neuauflage Dehn/Merklinger/Schüler 2011), die an Beispielen herausarbeiten konnte, dass Schreibende nicht nur auf abstraktes Textgestaltungswissen, sondern auch auf konkrete literarische und mediale Erfahrungen zurückgreifen. Die erlebte schriftliche Sprache wird so zu einem Fundus, der für eigene Sprachproduktionen genutzt werden kann. Dieses Phänomen wird – in Anlehnung an eine bereits ältere Diskussion in der Literaturwissenschaft – als *Intertextualität* bezeichnet.

Wer schreibt, fasst Vorgegebenes, Gewusstes, Erfahrenes für sich und gibt es anderen wiederum zum Lesen. Der Text, der dabei entsteht, ist immer ein Text zwischen Texten. Er adaptiert andere Texte und korrespondiert mit ihnen, mit Formen und Mustern, in denen Inhalte, Themen, Bedeutungsstrukturen gestaltet, Erfahrungen und Erkenntnisse formuliert und generiert werden.

(Dehn/Merklinger/Schüler 2011, 42)

Textmuster

Schreibende gestalten ihre Texte nicht nur vor dem Hintergrund ihres theoretischen Wissens über Sprache, sie greifen dabei konkret adaptierend und transformierend auf Spracherfahrungen zurück und verarbeiten also bestehende Sprachelemente zu neuen Formen. Ganz offensichtlich ist das z. B. beim Rückgriff auf bestehende Formulierungsmuster wie die Einführungswendung „Es war einmal…" im Märchen. Aber auch komplexere Motive und Textstrukturen haben oft ihren Ursprung in bereits erlebter Sprache. Diese Erkenntnis macht darauf aufmerksam, dass es für das Schreibenlernen auch von Bedeutung ist, dass Kinder vielfältige Sprachvorbilder erhalten, indem ihnen ein Zugang zu Literatur geboten wird. Über die vielfältige Literaturerfahrung erweitert sich der Fundus an Spracherfahrungen, die dann wiederum für eigene Sprachproduktionen (z. B. beim Schreiben) genutzt werden können.

Literarische Baumuster

Ganz praktisch macht sich dieses Phänomen auch die kreative Schreibmethode der *literarischen Baumuster* zunutze, die Eva Maria Kohl vorschlägt (vgl. 2007; auch A. Ritter 2013). Hier werden Sprachspiele, Gedichte oder stark wiederholend strukturierte literarische Sprachmuster zur Grundlage für das eigene Schreiben gemacht. So entstand z. B. Pauls Text am Beginn dieses Kapitels. Das stilistische Gestaltungsmerkmal des immer wiederkehrenden Zeilenanfangs „Ich bin…" wurde hier von den Kindern übernommen und zur Grundlage eigener poetischer Formulierungen gemacht. Diese neuen Gedichte stehen in einem engen intertextuellen Zusammenhang zum Ausgangstext, ohne einfach Plagiate zu sein. Vielmehr wurde das bestehende Textmuster aufgegriffen (Adaption) und zur Darstellung eigener Ideen genutzt und angepasst (Transformation).[28]

Schreibkompetenz

Ebenen der Schreibkompetenz

Mit Blick auf die in diesem Kapitel ausgeführten Überlegungen zur Schreibdidaktik wird noch einmal deutlich, wie der Begriff der Schreibkompetenz didaktisch konkretisiert werden kann. Zu dem in Kap. 1 eingeführten Mehrebenenmodell (Abb. 4) der Schreibkompetenz können folgende Bezüge hergestellt werden:

a) Auf der **Prozessebene** stellt das Schreiben vielfältige Anforderungen. Zu den Basisfähigkeiten wie Handschrift und Rechtschreibung kommen andere wie die Kontextualisierung, Vertextung, Adressat*innenorientierung, Markierung und Evaluierung hinzu. Neben dem Schreibanlass kommt dabei auch dem Prozess in allen seinen Teilen eine große Bedeutung zu. Das Überarbeiten als Teil des Prozesses ist dabei in den letzten Jahren immer wichtiger geworden. Schließlich wird auch deutlich, dass das Schreiben nicht nur eindimensional als Ausdruckstätigkeit gedacht werden darf. Auch das Repertoire an literarischen Erfahrungen beeinflusst maßgeblich den Fundus an Textgestaltungsmöglichkeiten, der Schreibenden zur Verfügung steht. Der Deutschunterricht kann sich daher nicht darauf beschränken, theoretisches Textsorten- und Textgestaltungswissen zu vermitteln und anzuwenden. Schreiben muss in einem schriftsprachlich reichhaltigen Unterricht stattfinden, in dem Spracherfahrungen und schrift-

28 Dieses Prinzip kann auch auf den Begriff der Sprachformate nach Jerome Bruner (1983, 101 ff.) zurückgeführt werden und bietet interessante Anknüpfungspunkte an das individuell-adaptive Verfahren im Kontext eines inklusiven Deutschunterrichts (vgl. Ritter 2016; auch Kap. 8).

sprachliche Produktivität selbstverständlich sind und eng miteinander verschränkt gedacht werden.

b) Dies hat auch Auswirkungen auf die **Subjektebene**. Die Entwicklung einer positiven Haltung zum Schreiben hängt maßgeblich davon ab, ob das Schreiben als sinnvolle und persönlich bedeutsame Tätigkeit erlebt wird. Es ist die Frage, inwiefern man das Schreiben als Ausdrucksmöglichkeit wahrnimmt und in unterschiedlichen Zusammenhängen nutzt.

c) Dafür braucht es auf der **sozialen Ebene** Schreibangebote, die Kinder zum eigenen Erzählen und Fantasieren herausfordern und ihnen auch in der sozialen Interaktion, sei es beim gemeinsamen Fabulieren oder im Zuge der Präsentation und Diskussion von Textentwürfen, die Erfahrung vermitteln, dass das Schreiben für sie zu einer Erweiterung ihrer persönlichen Ausdrucksmöglichkeiten beiträgt.

d) Das führt letztendlich zu der Einsicht, dass der Erwerb der Schreibkompetenz kein Nacheinander der unterschiedlichen Teilfertigkeiten sein darf. Ausgangspunkt ist das **Schreibvorhaben**, das mit zunehmendem Alter schriftlich stetig elaborierter, von Anfang an aber als sprachliches Handeln erlebt werden soll.

e) Zentrale Herausforderung ist es hier, **wichtige Prinzipien** wie Subjektorientierung, Textorientierung, Prozessorientierung und Handlungsorientierung sinnvoll miteinander zu verbinden.

Zum Weiterdenken

1) In welchen Situationen schreiben Sie Texte? Worauf kommt es Ihnen in den verschiedenen Schreibkontexten an? Wie hat das Schreiben in der Schule Sie darauf vorbereitet?
2) Erinnern Sie sich an Ihre letzte Belegarbeit. Können Sie die Elemente und Phasen des Schreibprozesses daran wiedererkennen?

Zum Weiterlesen

Kohl, Eva Maria (2005): Schreibspielräume. Freies und kreatives Schreiben mit Kindern. Seelze-Velber.

Ritter, Alexandra/Ritter, Michael (Hrsg.) (2012): Schreibkompetenz und Schriftkultur. Ein Lese- und Arbeitsbuch. Frankfurt/Main.

5. Rechtschreiben

Rechtschreiblernen – eine Frage der Perspektive?

Reizthema Rechtschreibung

Kaum ein Thema der grundschulbezogenen Deutschdidaktik wird in der Öffentlichkeit so stark und so emotional diskutiert wie die Rechtschreibung. In den internationalen Bildungsstudien wie PISA und IGLU steht zwar eher das Lesen im Fokus, aber die Rechtschreibleistungen von Kindern sind in regelmäßigen Abständen Gegenstand heftiger gesellschaftsöffentlicher Diskussionen, besonders in den großen Leitmedien.[29] Auch wenn diese Diskussionen wenig mit den tatsächlichen Lernerfolgen heutiger Schüler*innen zu tun haben, so zeigen sie doch, dass es sich hier um ein zentrales Thema der Deutschdidaktik handelt, dem offensichtlich eine exemplarische Bedeutung für den Bildungserfolg zugewiesen wird.

In den vorhergehenden Kapiteln sind schon mehrere Schreibprodukte zur Sprache gekommen, die auch mit Blick auf die Rechtschreibung eine interessante Perspektive eröffnen. Hier soll nun noch einmal Pascals Frosch-Text (vgl. Abb. 2, 17) in den Blick genommen werden, um daran mögliche Perspektiven für die Rechtschreibdidaktik abzuleiten.

Schreiben und Rechtschreiben

Pascal schreibt seinen Text zu Beginn des zweiten Schuljahrs.[30] Zu diesem Zeitpunkt sind natürlich beim kreativen Schreiben eigener Texte von Kindern keineswegs durchgängig fehlerfreie Schreibungen zu erwarten. Dennoch muss man bei Pascals Text feststellen, dass er von 23 verschrifteten Wörtern nur ein einziges Wort korrekt schreibt, sofern man die im Wort oft unklare Groß- und Kleinschreibung unberücksichtigt lässt. Begreift man den Fehler als Abweichung von der orthografisch korrekten Schreibung, so ist Pascals Rechtschreibung problematisch: Fehler treten z. B. bei der Auswahl der richtigen Buchstaben und Buchstabenverbindungen auf (Graphemtreffer: <under>, <gemart>) sowie in regelhaften Bereichen wie der Groß- und Kleinschreibung (<Ich>) und der Markierung von Länge und Kürze (Dehnungs- und Schärfungsregeln) durch Doppelkonsonanten (<weN>, <HeTe>). Hat Pascal damit Probleme beim Rechtschreiberwerb?

---

29 Auf dieses Phänomen geht der dieses Buch abschließende Text *Gefühltes Wissen und alternative Fakten* genauer ein, in dem die turnusmäßig auftretenden Empörungswellen genauer in den Blick genommen werden.

30 Dass Pascal noch Mühe hat, seine Handschrift geläufig und formklar zu gestalten, steht außer Frage, ist aber kein Problem der Rechtschreibentwicklung und wird daher hier nicht weiter besprochen. Ohne Zweifel hat Pascal hier einigen Unterstützungsbedarf!

Um diese Frage zu klären, wird Wissen zur Struktur unserer Rechtschreibung und dem Orthografieerwerb benötigt. Dies soll auf den folgenden Seiten skizziert werden. Damit kann eine entwicklungsorientierte Einschätzung von Pascals rechtschreiblichen Fähigkeiten vorgenommen werden, mit der eine Perspektive auf mögliche Unterstützung eröffnet werden kann.

Warum eigentlich (auch heute noch) normgerecht schreiben?

Nicht selten begegnet man der Auffassung, dass das Rechtschreiben angesichts veränderter Schreibtechnologien und -formate im 21. Jahrhundert erheblich an Bedeutung verliere. Gerade beim Mailverkehr ist im Vergleich zu klassischen Postbriefen ein freierer Umgang mit Wortschreibungen erkennbar, der sich tendenziell sehr viel stärker am konzeptionell mündlichen Schriftgebrauch orientiert. Noch deutlicher ist das bei der Nutzung von Kurznachrichtendiensten. Diese Sicht verkennt jedoch, dass es sich bei der Rechtschreibung keinesfalls um eine Hilfe beim Schreiben handelt.

Stammkonstanz

Die Rechtschreibung ist eine *Lesehilfe* und die deutsche Schriftsprache eine Leseschrift. Besonders eindrücklich lässt sich das historisch herleiten. Die Wurzeln einer deutschen Schrift liegen im Mittelalter. Die Bildungssprache und damit auch die Schrift dieser Zeit war das Lateinische. Daher sahen sich die Menschen, die das damalige Deutsch aufschreiben wollten, vor der Herausforderung, dass dafür keine eigene Schrift existierte. Also nutzte man die Schrift der lateinischen Sprache und übersetzte die Lautsprache in eine mögliche Schreibung. Dabei wurden den identifizierbaren Lauten der gesprochenen Sprache passende Buchstaben zugeordnet. Das Ergebnis war besonders dann gut verständlich, wenn es laut vorgelesen wurde und dafür war es auch funktional, denn es richtete sich nicht in erster Linie an eine Leser*innenschaft. Geschrieben wurde vorrangig, um aufzubewahren und zu tradieren. Damals hatte nur eine kleine Gruppe gebildeter Menschen Zugang zur Schrift, die vor allem in Klöstern das Schrifttum bewahrten und kopierten (vgl. Munske 2005, 30 ff.).

Die mit dem Buchdruck eingeleitete mediale Revolution ist so bedeutsam, weil sie neue Möglichkeiten der Vervielfältigung und Verbreitung von Schriftgut mit sich brachte. Die Expansion von Schrift ging einher mit einem kulturellen Wandel (und der Entdeckung der Neuen Welt), die einen erheblichen Mehrbedarf an schriftsprachlicher Kommunikation erforderte. Die bekannte und bereiste Welt erweiterte sich in Richtung Asien, Afrika und Amerika, Handel und politische Ambitionen entwickelten auch räumlich ganz neue Dimensionen. Auch die Wiederentdeckung der antiken Philosophie im Humanismus und der Renaissance erzeugten ein ganz neues Leseinteresse, wie auch die religiösen Streitfragen der Reformation.

Politische und gesellschaftliche Entwicklungen veränderten also den Umgang mit Schrift. Nun wurde nicht nur mehr geschrieben, viel wichtiger war, dass mehr und damit auch effizienter gelesen werden musste. Die bislang praktizierte Lautschrift war dafür nur mäßig geeignet, da sie viele Schreibvarianten eines Wortes erlaubte und sich das Verständnis des Geschriebenen erst durch das laute Lesen erschloss. In dieser Zeit wurden Strukturmerkmale der Sprache, wie die Wortstämme (Morpheme) ausgebildet, die unsere Schrift bis heute prägen. Das Stammprinzip legte bestimmte Wortbausteine als weitgehend unveränderbare und damit auch beim Lesen schneller erkennbare Einheiten fest. Während man vorher zum Beispiel der sich verändernden Lautung getreu <Tak> (Singular) und <Tage> (Plural) schreiben konnte, wurde mit der Einführung des Wortstamms nun das Morphem <tag> eindeutig festgelegt. So ist das heutige Nomen <Tag> zwar nicht lautgetreu, da bei der gesprochenen Form am Wortende eigentlich der stimmlose Plosivkonsonant /k/ klingt. Als graphisches Muster ist es aber nun anders festgelegt und beim Erlesen über die visuelle Wahrnehmung viel leichter und schneller als semantische (bedeutungstragende) Einheit erkennbar.

Die deutsche Orthografie ist also eine Errungenschaft der Lesekultur: Ein nach diesen Konventionen geschriebener Text ist schneller lesbar und leichter verständlich. Am aktuellen Beispiel der Kommunikation mit Kurznachrichtendiensten lässt sich das nachvollziehen: Eine geschriebene Kurznachricht ist viel schneller lesbar als eine Sprachnachricht, die den gleichen Sprechtext enthält. Und: Umso korrekter die Schreibungen, umso schneller kann die Botschaft erfasst werden.

Rechtschreibung in Bewegung

Die beschriebenen medialen Entwicklungen dauern auch heute noch an. Die Regelungen der Orthografie sind keineswegs unveränderlich festgelegt, sondern werden entlang aktueller Erfordernisse beim konkreten Sprachgebrauch angepasst und verändert. Eine verbindlich geregelte Orthografie hat sich in Deutschland ohnehin erst im 19. Jahrhundert herausgebildet. Eine erste Reform der Rechtschreibung wurde 1901 auf der II. Orthografischen Konferenz in Berlin beschlossen und seitdem immer wieder revidiert und verändert. Sowohl der Wortschatz als auch der Sprachgebrauch unterliegen einem stetigen Wandel. In der Grundschule sollen die Schüler*innen einen soliden Zugang zu den Prinzipien der Orthografie finden, um sowohl schreibend als auch lesend schnell und effizient kommunizieren zu können. Es ist also keinesfalls so, dass die Orthografie für den Deutschunterricht nur noch eine untergeordnete Rolle spielen würde.

Bedeutung der Rechtschreibung

Gleichzeitig muss aber auch herausgestellt werden, dass die Orthografie in der Schule eine Bedeutung einnimmt, die ihrer Funktion im Schriftsystem nicht gerecht wird. Wie oben und in den vergangenen Kapiteln anschaulich geworden sein sollte, ist die Orthografie eine Dimension des sprachlichen Handelns auf medial schriftlicher Ebene. Sie steht in Beziehung zu einer Vielzahl an anderen Teilkompetenzen, die Schreibende ausbilden müssen, um erfolgreich schriftlich zu kommunizieren. In diesem Zusammenhang machen Befunde nachdenklich, die feststellen, „dass die Rechtschreibleistung offenbar eine größere Auswirkung auf die Wahl oder Empfehlung eines weiterführenden Schulzweigs als die Lesefähigkeit hat" (Beck/Thomé/Thomé 2009, 46). Der Grund für diese Überbetonung mag darin liegen, dass orthografische Fähigkeiten – im Vergleich zu anderen Leistungen wie Vertextung- und Formulierungsfähigkeiten – leichter und objektiver überprüfbar scheinen. Fehler lassen sich auszählen, analysieren und können zur Grundlage einer nachvollziehbaren Bewertung gemacht werden. Erhält diese aber die von Beck et al. konstatierte Bedeutung zugesprochen, ist die damit verbundene Schwerpunktsetzung keinesfalls an den Gegebenheiten und Erfordernissen des Sprachgebrauchs in und außerhalb der Schule orientiert.

Wie funktioniert die deutsche Orthografie und wie nutzen sie Schreibende?

Prinzipien der Schrift

Beide Fragen können hier bestenfalls angedeutet werden. Sie sind aber zentral, wenn es darum geht, über Möglichkeiten der Vermittlung der Rechtschreibung nachzudenken. Der kurze historische Exkurs hat gezeigt, dass aktuelle Regelungen der Rechtschreibung eine lange Entwicklung aufweisen und aus den Erfordernissen der jeweiligen Zeiten resultieren, die sich in Prinzipien der Rechtschreibung noch heute abbilden. Das entstandene Schriftsystem haben Stefan Jeuk und Joachim Schäfer (2013, unter Rückgriff auf Augst/Dehn 2009, 40 ff.) systematisiert. Sie stellen bestimmte Prinzipien heraus, die die Regelhaftigkeit der Orthografie begründen (Tab. 5).

Prinzip	Bereich	Regeln
Phonografisches und silbisches Prinzip	1. Regelungen der Laut-Buchstaben-Zuordnung	Graphem-Phonem-Korrespondenz (GPK-Regeln) Abweichungen von GPK-Regeln, Orthographeme (nk, sp/st, ai/ei, chs, v/f, s/ss/ß) Doppelkonsonanz Vokaldehnung (h, ie)
Morphematisches Prinzip	2. Stammprinzip und Erhalt der Stammschreibung	Auslautverhärtung (Hand – Hände) Umlautung (s.o.), Erhalt der Morpheme (Stammkonstanz, Fahrrad)
Grammatisches Prinzip	3. Groß- und Kleinschreibung	Satzanfang Nomen, Nominalisierungen
	4. Getrennt- und Zusammenschreibung	selbstständig – unten stehend
	5. Interpunktion	. ! ? , ; „“

Tab. 5: Prinzipien der deutschen Rechtschreibung (nach Jeuk/Schäfer 2013, 29)

Beim Rechtschreiberwerb geht es nun darum, dass die Schüler*innen in zunehmendem Maße Einsichten in die verschiedenen Prinzipien der Rechtschreibung gewinnen und über die lautliche Aneignung allmählich damit verbundene Regeln erwerben und Schreibkonventionen zunehmend situationsgerecht anwenden.

Phonem-Graphem-Korrespondenz

Unsere alphabetische Schrift basiert auf dem Zuordnen von Phonemen und Graphemen, mit 26 Buchstaben (zzgl. Umlaute) können wir uns schriftlich ausdrücken. Es besteht Konsens, dass das Lautprinzip der Schrift diejenige Einsicht ist, die den Schüler*innen zu Beginn des Lese- und Schreibprozesses vermittelt werden muss. Die Herausforderung ist dabei, dass ein Phonem mindestens mit einem und maximal mit fünf Graphemen korrespondieren kann (Ambiguität/Mehrwertigkeit), wie das Beispiel zeigt: Der Laut /t/ kann mit dem Buchstaben (Graphem) <t> wie in *Hut* verschriftet werden, aber auch mit <th>, <tt>, <dt>, <d> wie in *Theater, Bett, Stadt* und *Hund*. Es geht also um die Auswahl des richtigen Graphems für ein gegebenes Phonem, wahrnehmen kann man die unterschiedlichen Varianten nicht. Einige Verschriftungsvarianten sind sehr häufig, andere eher selten vorhanden. Die Schüler*innen lernen zuerst die lauttreuen (häufigsten) Schreibungen und erkennen zunehmend die abweichenden Schreibungen – z. B. ist der Anfangsbuchstabe <v> des Nomens <Vogel> nicht regelhaft zu begründen, denn man nimmt ja den Laut /f/ wahr. Diese abweichenden Schreibungen müssen bei der Graphemzuordnung als Ausnahmeschreibungen berücksichtigt werden und ebenso wie regelhafte Schreibungen (z. B. Doppelkonsonanten) zunehmend erlernt werden (vgl. z. B. Schründer-Lenzen 2013, 20 f.).

2 Wege zur Schreibung

Für Schreibende heißt das konkret, dass sie in der Schreibsituation verschiedene Möglichkeiten prüfen müssen. Soll ein Wort geschrieben werden, wird zuerst geprüft, ob eine Schreibung *(Schreibschema)* unmittelbar aus dem Gedächtnis *(Lexikon)* abgerufen werden kann. Ist dies nicht der Fall, müssen Schreibende eine wahrscheinliche Schreibung rekonstruieren. Sie prüfen das gesprochene Wort *(Lautschema)*, ob es Hinweise auf bekannte Strukturen wie Vorsilben, Nachsilben oder bekannte Wortstämme bietet. So kämen kompetente Schreibende zum Beispiel beim Aufschreiben des Wortes <Versteinerung> kaum auf die Idee, den Anfangslaut mit <f> zu verschriften, auch wenn sie das Wort noch nie gesehen oder geschrieben hätten. Die Vorsilbe <ver> ist ebenso bekannt wie die Endung <ung>, die noch dazu darauf verweist, dass es sich um ein Nomen handelt, also eine Großschreibung vorgenommen werden muss. Auch das Stammmorphem <stein> wird vermutlich bekannt sein, so dass die Schreibung aufgrund der bekannten Schreibschemata abgeleitet werden kann.

Rechtschreibstrategien

Schwieriger wird es, wenn die Wortbestandteile nicht bekannt sind. Dann wird das Wort bzw. seine unbekannten Bestandteile in ihre Lautstruktur (Phoneme) zergliedert, der passende Buchstaben oder Buchstabenverbindungen (Grapheme) zugeordnet werden. Schließlich muss noch überprüft werden, ob spezielle Lautfärbungen (die Veränderung der Vokalqualität und -quantität bei der konkreten Aussprache, z. B. kurze oder lange Vokale, Abdunkelung des /e/ bei Endungen wie in <Hammer>) vorliegen, die darauf hindeuten, dass besondere orthografische Markierungen wie z. B. eine Konsonantenverdopplung vorgenommen werden müssen. Und schließlich muss natürlich auch im grammatischen Umfeld des Wortes geprüft werden, ob dort Einfluss auf die Schreibung genommen wird. Steht das Wort z. B. am Satzanfang, muss es mit großem Anfangsbuchstaben geschrieben werden, auch wenn es eigentlich kein Nomen ist. Kompetente Schreibende nutzen also fünf Strategien (vgl. May 2002), um orthografisch richtig zu schreiben:

- *Logographemische Strategie:* Worte und ihre Schreibungen werden im Gedächtnis gespeichert und bei Bedarf abgerufen. Es wird kein Bezug zur Lautung des Wortes hergestellt.
- *Alphabetische Strategie:* Gesprochene Worte können in ihre Phoneme zerlegt werden und jedem Phonem kann ein passendes

Graphem zugeordnet werden (auf Basis der Phonem-Graphem-Korrespondenzregeln PGK).

- *Orthografische Strategie:* Regelhafte Abweichungen von den PGK werden anhand lautsprachlicher Besonderheiten (z. B. Dehnungen, Schärfungen) erkannt und passend markiert (z. B. durch Konsonantenverdoppelung).
- *Morphematische Strategie:*[31] Wörter können in Wortbausteine wie Wortstämme, Vor- und Nachsilben zerlegt und Schreibungen auf damit verbundene Regelhaftigkeiten (z. B. Stammkonstanz) zurückgeführt werden.
- *Wortübergreifende Strategie:* Das zu schreibende Wort wird als Teil einer größeren sprachlichen Einheit (Satz) betrachtet und entsprechend im Kontext angepasst (z. B. Großschreibung bei Satzerststellung).

Ambiguität

Während die Entwicklung der logographemischen Strategie oft schon vor der Schule beginnt (z. B. Kinder schreiben ihren eigenen Vornamen), entwickeln sich die anderen Strategien in der Regel in der Schule. Ein großes Problem der alphabetischen Strategie ist dabei, dass die deutsche Sprache von einer starken Ambiguität geprägt ist (siehe oben). Die entfaltete alphabetische Strategie stellt eine zentrale Grundlage für die Rechtschreibentwicklung dar, sie muss aber – um zu orthografisch normgerechten Schreibungen zu führen – zunehmend orthografisch und morphematisch überformt werden. Nur im sinnvollen Zusammenspiel können sich erfolgreiche Rechtschreibfähigkeiten als Zusammenspiel der einzelnen Strategien entwickeln. Kompetent Rechtschreibende sind diejenigen, die alle fünf Strategien miteinander verbinden können.

Wie erwerben Schüler*innen Fähigkeiten im Bereich der Rechtschreibung?

Schrittweise Annäherung an die Norm

Mit Hilfe der bisherigen Ausführungen zur Struktur der Orthografie und des strategischen Zugriffs auf dieses System kann nun auch beschrieben werden, wie Kinder die Rechtschreibung erwerben. Sehr anschaulich macht das die folgende Übersicht über die Entwicklung der Schreibungen des Wortes *Fahrrad* (Tab. 6). Das Wort wurde von Kindern im Rahmen der Rechtschreibdiagnostik in regelmäßiger Wiederholung aufgeschrieben, ohne es zwischendurch zu üben. So sollte abgesichert werden, dass das Wort nicht logographemisch abgespeichert wurde und stattdessen die Entwicklung der anderen Strategien daran sichtbar gemacht werden konnte.

31 Manche Autor*innen fassen die orthografische und die morphematische Strategie auch zusammen und weisen die morphematische Strategie nicht explizit aus.

Zeitpunkt	Maja	Sven	Lea
1. Schuljahr Mitte	FA--RAT	FA--R-T	F
1. Schuljahr Ende	---	---	F---R-T
2. Schuljahr Mitte	FA--RAD	---	FA-R-T
2. Schuljahr Ende	FAH-RAD	---	FA--RAT
3. Schuljahr Mitte	FAHRRAD	FA--RAD	---
3. Schuljahr Ende		FAH-RAD	---
4. Schuljahr Mitte		FAHRRAD	FA-RAD
4. Schuljahr Ende			FAH-RAD

Tab. 6: Schreibentwicklung im Verlauf der Grundschulzeit (nach May 1995)

Schaut man sich die Schreibungen der drei Kinder Maja, Sven und Lea an, so wird schnell deutlich, dass sie zum gleichen Zeitpunkt gänzlich unterschiedliche Schreibentwicklungen aufweisen. Während Lea beispielsweise Mitte des ersten Schuljahres gerade einmal den Anlaut des Wortes verschriften kann (beginnende alphabetische Strategie), realisieren Maja und Sven schon weite Teile der Laustruktur des Wortes – Maja bildet sogar schon alle phonologisch erschließbaren Phoneme durch ein Graphem ab (entfaltete alphabetische Strategie). Dieses Stadium erreicht Lea erst am Ende des zweiten Schuljahres. Zu diesem Zeitpunkt kann Maja schon die Dehnung des ersten Stammvokals durch das Dehnungs-h und die Auslautverhärtung beim Grundwort Rad richtig markieren (orthografische Strategie). Die Berücksichtigung der morphematischen Struktur des Wortes (Kompositum) wird bei Maja im dritten Schuljahr sichtbar, als sie auch das zweite <r> verschriftet, das hier ja kein Doppelkonsonant im Sinne der Schärfungsregeln ist, sondern geschrieben wird, weil die beiden Worte Morpheme <fahr> und <rad> bei der Zusammenfügung dieses Phänomen erzeugen, das jedoch weder sprechmotorisch noch auditiv wahrnehmbar ist. Man spricht und hört dort nur ein /r/.

Individuelle Lerngeschwindigkeiten

Die Übersicht macht nun zweierlei sichtbar. Einerseits wird deutlich, dass die Rechtschreibentwicklung bei verschiedenen Kindern sehr *unterschiedlich schnell* verläuft. Die Entwicklungsdifferenzen können mehrere Schuljahre umfassen. Andererseits wird aber auch deutlich, dass es sich um einen Prozess handelt, bei dem bestimmte

Phasen durchlaufen werden. Denn bei allen drei Schüler*innen ist offensichtlich, dass sie zuerst ihre alphabetische Strategie entwickeln, bevor orthografische und morphematische Einsichten folgen und die Schreibung zunehmend normgerecht überformen. In dieser Hinsicht sind die drei Verläufe identisch. Es ist also keinesfalls so, dass im Vergleich zu Maja die rechtschreiblichen Fähigkeiten von Sven und Lea eine Abweichung darstellen. Lea und Sven erwerben die normgerechte Schreibung von <Fahrrad> ebenso wie Maja, nur zu anderen Zeitpunkten. Der Unterricht kann darauf Bezug nehmen, indem Maja, Sven und Lea die gleichen Lernangebote zu verschiedenen Zeitpunkten zur Verfügung gestellt werden. Damit ist eins der wichtigsten Prinzipien der Rechtschreibdidaktik deutlich geworden: Kinder lernen auf vergleichbare Weise[32] in unterschiedlichem Lerntempo. Darauf muss der Unterricht durch geeignete Lernangebote zum richtigen Zeitpunkt reagieren.

Fehler und Übergeneralisierung

Kompetente Fehler

Dazu noch ein weiteres Beispiel. Es handelt sich um die Schreibung eines Kindes im dritten Schuljahr (Abb. 15). Das beim Verb eingefügte Dehnungs-h wird nicht regelhaft verwendet, da der Stammvokal nicht gedehnt auftritt. Hingegen kann eine andere Regelhaftigkeit Grund für diese Abweichung von der Normschreibung sein. Es könnte sein, dass die Schreiber*in dieses Satzes eine Analogie auf morphematischer Ebene gebildet hat. Analog zur Bildung der Vergangenheitsform des Verbs <fahren>, bei der der Vokal zwar verändert, der Stamm aber gleich (<fuhren>) und damit auch das <h> bestehen bleibt, könnte auch bei der gleichen grammatischen Operation beim Wort <gehen> vorgegangen worden sein: Der Wortstamm bleibt bis auf den Stammvokal gleich (<gihngen>). Das wäre eine plausible Erklärung, die noch nicht zur normgerechten Schreibung führt, aber zeigt, dass der Schüler*in Besonderheiten bei der Schreibung des Wortes bewusst sind.

Abb. 15: Fehler bieten wichtige Einblicke in die Lernentwicklung

Tatsächlich zeigen viele Schreibungen von Kindern solche Übergeneralisierungen, die darauf hindeuten, dass die Kinder ein bestimmtes

32 Natürlich gibt es auch Kinder, die aufgrund von Besonderheiten wie Einschränkungen der auditiven und/oder visuellen Wahrnehmung andere Erwerbswege zeigen, die meisten sog. rechtschreibschwachen Kinder zeigen aber ähnlich wie Lea eine regelhafte, lediglich verzögerte Lernentwicklung.

orthografisches oder morphematisches Phänomen bereits kennengelernt haben und anzuwenden versuchen, aber noch unsicher bei der Anwendung sind. Das Kind hat also bereits wichtige rechtschreibliche Fähigkeiten erworben, die noch weiter entwickelt werden müssen.

Hinweise auf Lerngelegenheiten

Fehler sind somit wichtige Hinweise auf den Stand der Lernentwicklung der Schüler*innen: Sie geben Hinweise darauf, wie Kinder Schritt für Schritt Einsichten in die Struktur der Rechtschreibung gewinnen und sich ihr in ihren Schreibungen der Norm zunehmend annähern. Die Feststellung, *dass ein Kind Fehler macht*, ist bei der Betrachtung der Lernentwicklung weniger hilfreich als die Frage, *welche Fehler ein Kind macht* und was diese Fehler über die Lernentwicklung aussagen. Welche Strategien werden eingesetzt und in welchem Grad der Ausprägung (z. B. alphabetisch: beginnend oder bereits entfaltet)? Werden bereits Regeln berücksichtigt und regelgerecht angewendet? Wo muss die individuelle Regelbildung der Kinder hin zu allgemeinen und tragfähigen Regeln weiterentwickelt und unterstützt werden?

Implizites Lernen

Schließlich stellt sich die Frage, wie Kinder die verschiedenen Strategien entwickeln. Viele Einsichten gewinnen Kinder tatsächlich eher beiläufig durch Begegnungen mit Schrift beim Lesen oder Schreiben. Oft zeigen sie bereits rechtschriftliche Phänomene wie die Groß- und Kleinschreibung und oder die Schärfungsmarkierung, ohne dass die Phänomene bereits im Unterricht thematisiert wurden. Solche *implizit erworbenen Rechtschreibfähigkeiten* (individuelle oder innere Regelbildung) stellen einen idealen Ausgangspunkt dar, um mit den Kindern die betreffenden Phänomene zu erarbeiten und zu üben und sie damit auch zunehmend explizit und bewusst zu machen (allgemeine oder äußere Regelbildung). Natürlich kann der Unterricht auch für bestimmte Rechtschreibphänomene in gemeinsamen Einführungsphasen sensibilisieren. Es sei aber noch einmal darauf verwiesen, dass die Entwicklungsverläufe in einer Jahrgangsstufe sehr verschieden und daher gemeinsame Entwicklungsschwerpunkte in einer Jahrgangsstufe nur schwer auszumachen sind. Der gemeinsame Rechtschreibunterricht wird daher immer für manche über- und für andere unterfordernd wirken und muss mindestens durch weitere individualisierende Angebote ergänzt werden.

Rechtschreibunterricht: Nachdenken über Schrift und Übung ausgewählter Phänomene

Am Ende dieses Kapitels soll noch einmal der Blick auf Pascals Text gerichtet werden. Vor dem Hintergrund eines entwicklungsorientierten Blicks stellt sich seine Rechtschreibentwicklung nun anders dar. Es wird deutlich, dass Pascal trotz einiger Unsicherheiten bei der Auswahl der passenden Grapheme (z. B. bei <under>) weitgehend vollständig alphabetisch verschriften kann. Phonologische Besonderheiten, wie z. B. die lautlich schwer erkennbare Unterscheidung zwischen dem /r/ und dem /ch/, die durch die ähnliche Artikulationsstelle im Rachenraum entsteht, sollten durch Übungen zur Lautunterscheidung gefestigt werden. Weiterhin nutzt er bereits die wortübergreifende Strategie zur Markierung von Satzgrenzen durch Interpunktion. Erste orthografische Schreibungen wie <die> mit <ie> und <und> mit <d> gehen vermutlich eher auf die logographemische Strategie zurück, da es sich um häufige Funktionswörter handelt, deren Schreibung sich Pascal mittlerweile vermutlich eingeprägt hat. Für Pascal wird es neben der Sicherung seiner Handschrift in der nächsten Zeit vorrangig um die abschließende Ausdifferenzierung seiner alphabetischen Strategie und zunehmend um die Wahrnehmung orthografischer Phänomene gehen. Dazu können auch morphematische Strategien wie die Stammableitung von <wäre> von <war> oder <hätte> von <hatte> gehören.

Sprachreflexion Im Unterricht sollte das Nachdenken beim Erschließen von Rechtschreibphänomenen eine große Rolle spielen. Das gemeinsame Nachdenken über Schrift legt den Grundstein dafür, dass Kinder sich die Regularien des Schriftsystems bewusst aneignen können und ein anwendungsorientiertes Regelwissen erwerben. Im traditionellen Rechtschreibunterricht steht häufig das Üben von häufigen oder wichtigen Wörtern (Wortschatz) im Mittelpunkt. Im Sinne des Aufbaus eines Fundus an sicher abrufbaren Schreibungen von Wörtern und Morphemen zeigt sich hier ein zweiter Schwerpunkt im Unterricht (vgl. Brügelmann 2015), der aber nicht die zentrale Bedeutung der Sprachreflexion (vgl. auch Kap. 7) an den Rand drängen sollte. Hierfür geeignete methodische Formen[33] zu finden, ist eine zentrale Herausforderung eines entwicklungsorientierten Rechtschreibunterrichts.

Zudem sollte die Aneignung der Rechtschreibung nicht zum Selbstzweck werden, sondern systematisch mit dem Textschreiben verknüpft sein und mit der zunehmenden Unterstützung der Rechtschreibung auch dem Textschreiben zugute kommen. Die Rechtschreibung ist eine nicht zu unterschätzende, aber letztendlich eben doch dienende Dimension der medialen Schriftlichkeit. Diese Relation sollte im Verhältnis der Lernbereiche auch für die Schüler*innen nachvollziehbar werden.

---

33 Interessant ist zum Beispiel der von Christa Erichson vorgeschlagene „harte Brocken des Tages" (vgl. Erichson 2015).

Zum Weiterdenken

1) Sammeln Sie Schreibproben von Kindern unterschiedlichen Alters und untersuchen Sie, welche Strategien bereits erkennbar sind (logographisch, alphabetisch ansatzweise oder entfaltet etc.). Wie lassen sich die Fehlschreibungen möglicherweise erklären? Welche rechtschreiblichen Entwicklungen sind daran zu erkennen?
2) Wählen Sie eine Rechtschreibübung aus einem Sprachbuch aus. Überlegen Sie, worauf die Übung abzielt. Welches Prinzip der Rechtschreibung wird thematisiert?

Zum Weiterlesen

Augst, Gerhard/Dehn, Mechthild (2009): Rechtschreibung und Rechtschreibunterricht. Eine Einführung für Studierende und Lehrende aller Schulformen. Stuttgart.

Brinkmann, Erika (Hrsg.)(2015): Rechtschreiben in der Diskussion. Schriftspracherwerb und Rechtschreibunterricht. Frankfurt/Main.

Munske, Horst Haider (2005): Lob der Rechtschreibung. Warum wir schreiben, wie wir schreiben. München.

Neubauer, Skadi/Kirchner, Sabine (2013): Rechtschreibförderung von Grundschülern unter Berücksichtigung individueller Lernvoraussetzungen: Zwei Evaluationsstudien im Vergleich. In: Didaktik Deutsch, 18 (2013) H. 2, 44–61.

6. Lesen und Umgang mit Literatur

Lesekompetenz: gut lesen und gern lesen

Lesen lernen

Auf den Begriff der Lesekompetenz wurde schon in Kap. 1 eingegangen. Das dort etablierte Verständnis eines Mehrebenenkonstrukts (Abb. 3, 20), soll nun zur Grundlage für die didaktische Strukturierung des Lernbereichs werden. Dazu noch einmal zur Erinnerung: Lesekompetenz wird bei Rosebrock und Nix (2015) auf drei Ebenen modelliert. Auf der *Prozessebene* geraten die kognitiven Lesefähigkeiten in den Blick, die grundlegend bedeutsam sind, wenn es um das Verständnis schriftsprachlicher Texte geht. Auf der *Subjektebene* gerät das Selbstkonzept der Lesenden in den Blick, also die Einstellung und Haltung zum Lesen. Grundidee dabei ist, dass als kompetente Leser*in nur einzuschätzen ist, wer nicht nur lesen kann, sondern das Lesen auch als wichtigen Bestandteil der eigenen Alltagsbewältigung in vielfältigen Formen nutzt. Denn Lesefähigkeiten und Teilhabe an kulturellem Leben entfalten sich erst in der Praxis des Lesens, so dass eine Lesefähigkeit ohne konkretes Leseverhalten ihr Potenzial kaum entfalten kann. Schließlich gerät auf der *sozialen Ebene* auch das Umfeld in den Blick, das die Sozialisation der Lesenden rahmt und die Strukturen für Teilhabe an möglichst vielfältigen lesebezogenen Angeboten überhaupt erst schafft.

3 Aufgabenfelder

Man könnte die Formel für die Lesedidaktik sehr einfach halten: *Gern und gut lesen lernen!* Sicherlich ist das stark verkürzt und vereinfacht, aber es trifft in dieser Form die Problemlage durchaus recht gut. Damit geraten drei didaktische Schwerpunktbereiche in den Blick, die im Folgenden skizziert werden sollen (in Anlehnung an Kruse 2010, 176 f.):

1) *Lesetraining:* der Aufbau kognitiver Lesefähigkeiten (Prozessebene)
2) *Leseförderung:* die Entwicklung einer positiven Einstellung zum Lesen und eines lesebezogenen Selbstkonzeptes als Folge einer erfolgreichen Lesesozialisation (Subjektebene und soziale Ebene)
3) *Literarisches Lernen:* Umgang mit literarischen Texten als Mittel zur kulturellen Bildung und Persönlichkeitsentwicklung (alle drei Ebenen)

Lesefähigkeit und Lesetraining

Lesende haben einen ungemein komplexen Vorgang zu bewältigen: Beim Entschlüsseln von Texten – ganz egal ob diese rein schriftbasiert sind oder als multimodale Texte auch Bilder und andere Medienformen enthalten – greifen vielfältige Wissensbestände und Fähigkeiten ineinander, um im Zuge der Lektüre zu einer mentalen Vorstellung vom Textinhalt zu kommen, den wir Verständnis nennen. Dabei geht es unter anderem darum:

- die konkreten sprachlichen Einheiten zu identifizieren und zu deuten *(Dekodieren)*,
- Beziehungen zwischen Wörtern innerhalb eines Satzes und über Satzgrenzen hinaus aufzubauen *(lokale Kohärenzbildung)*
- und einen größeren Sinnzusammenhang zu rekonstruieren *(globale Kohärenzbildung)*.

Dies kann an einem einfachen Alltagsbeispiel leicht veranschaulicht werden. Man kann sich folgende Situation vorstellen: Eine zehnjährige Schülerin kommt nachmittags von der Schule nach Hause, die Eltern sind noch nicht von der Arbeit zurück. Auf dem Küchentisch liegt ein Zettel, den der Vater für das Mädchen hinterlassen hat. Darauf steht: „Kannst du bitte fürs Abendessen ein Brot kaufen gehen?!" Was gehört nun dazu, diesen Auftrag verstehend zu lesen?

Lokale Kohärenzbildung

Auf der Ebene der Wortbedeutung müssen die Wörter entschlüsselt *(Dekodieren)* und die Zusammenhänge zwischen den Bedeutungselementen erschlossen werden *(lokale Kohärenzbildung)*. Einmal ist da der instruktive Charakter des Satzes, der durch die Anfangsphrase <Kannst Du bitte> und die Satzschlusszeichen markiert wird, die freundlich aber verbindlich formuliert sind. Der eigentliche Auftrag, ein <Brot kaufen [zu] gehen>, steht am Ende des Satzes. Davor findet sich die durchaus nicht unwichtige Information, dass das Brot <fürs Abendessen> gebraucht wird, was die Instruktion zeitlich relationiert. Durch den bestimmten Artikel <[für] das>[34] wird herausgestellt, dass der Auftrag sich auf das nächste Abendessen bezieht und sein Ausführung bzw. sein Ergebnis verbindlich gerahmt wird. Erst im Zusammenspiel der verschiedenen semantischen Informationen wird der konkrete Auftrag deutlich. Allerdings ist dieser noch lange nicht konkret genug, um die Botschaft umfassend zu verstehen.

Kontexte des Verstehens

Der Satz allein ist wenig aussagekräftig, erst die soziale Situation macht deutlich, was hier sprachlich initiiert wird. Das Mädchen muss beim Lesen des Satzes zuerst einmal erkennen, dass sich der Auftrag, ein Brot zu kaufen, an es selbst richtet. Es muss also sicherstellen, dass die Botschaft nicht an eine andere Person wie z. B. die Mutter adressiert ist. Nun ist die Botschaft in ihrer sozialen Dimension eingeordnet: Es handelt sich um eine Kurzbotschaft

34 Ganz anders wäre es, würde der unbestimmte Artikel verwendet: „für ein Abendessen".

Globale Kohärenzbildung von den Eltern an das Kind. Diese Information zum Rahmen der sprachlichen Handlung schafft einen Kontext, in dem die Botschaft plötzlich einen Sinn ergibt. Diesen sozialen Sinn müssen sich Lesende vergegenwärtigen. Sie sollen aber auch das Textformat – in diesem Fall den *Notizzettel* – kennen und verstehen. Ausgehend von der Aktivierung von Vor- bzw. Kontextwissen und Textsortenwissen kann der Sinngehalt des Textes erschlossen und eine Vorstellung seines Inhalts bzw. seiner Bedeutung aufgebaut werden; es entsteht ein mentales *Situationsmodell*. Dabei müssen die textinternen Informationen mit textexternen Informationen durch das Ziehen von Schlussfolgerungen *(Inferenzen)* verbunden werden. Im genannten Beispiel enthält der Text selbst sehr viel weniger Informationen, als zum Bewältigen der Aufgabe nötig sind. Es wird zum Beispiel nicht präzisiert, welche Brotsorte zu kaufen ist oder ob die Entscheidung darüber dem Kind überlassen wird. Ebenfalls enthält der Notizzettel keine präzisen Informationen über den Zeitraum, in dem der Auftrag ausgeführt werden soll (vor oder nach den Hausaufgaben?) und keine Antworten auf die Fragen, wo das Brot zu kaufen und wovon das Brot zu bezahlen ist. Alle diese Leerstellen des Textes muss das Mädchen aus seiner Erfahrung und seinen sozialen Wissensbeständen ableiten. Schließlich muss das Kind auch über Strategien der Selbstkontrolle *(Selbstregulierung)* verfügen, um zu überprüfen, ob die aus dem Text extrahierte Botschaft der tatsächlichen Aussageabsicht der Eltern entspricht. Aufgrund der Vielfalt an ganz unterschiedlichen und zum Teil weit außerhalb des Textes liegenden Informationen, die hier zur Erstellung des Situationsmodells miteinander in Beziehung gesetzt werden müssen, nennt man diesen Prozess *globale Kohärenzbildung*.

Es wird schnell deutlich, dass das Lesen viel mehr ist als ein Akt der Textentschlüsselung. Lesen als soziale Praxis bezieht sich auf vielfältige Erfahrungs- und Wissensbestände des Textes, der schriftlichen Kommunikation und der sozialen Umwelt. Ähnlich könnte man auch bei anderen Leseanforderungen argumentieren. So müssen Kinder beim Lesen eines Märchens[35] beispielsweise vielfältige Hintergrundinformationen aufrufen, um dem Textinhalt einen Sinn zu geben. Neben **Textwissen** dem Wissen, dass es sich um eine ausgedachte, nicht reale Geschichte handelt, brauchen sie Informationen zu den Realitätsbedingungen des Märchens (Tiere können reden, Magie ist selbstverständlich möglich!), sie brauchen eine Vorstellung vom Aufbau einer Geschichte, um zu wissen, wie die verschiedenen Handlungselemente zusammenge-

35 Zu den unterschiedlichen Anforderungen von Sachtexten und literarischen Texten vgl. Rosebrock (2007).

hören und dass z. B. der Ungehorsam des Rotkäppchens im Zusammenhang mit dem weiteren Handlungsverlauf zu sehen ist. Eine solche Handlung kann nur verstehen, wer bereits über ein abstraktes Modell des Textes (Superstrukturen des Textes) verfügt. Dass sich Lesende dieser Fähigkeiten vielfach gar nicht bewusst sind, zeigt noch einmal nachdrücklich, dass sie eher implizit erworben werden.

Situationsmodell

Um den Prozess des Lesens genauer beschreiben zu können, werden die verschiedenen Teilprozesse in hierarchieniedrige und hierarchiehohe untergliedert (Abb. 16). Während die hierarchieniedrigen Prozesse dabei die konkrete Sinnentnahme aus dem Textmaterial betreffen, beziehen sich die hierarchiehohen Prozesse auf die komplexe Verarbeitung der verschiedenen Informationen. Wolfgang Lenhard (2013) weist darauf hin, dass das Modell nicht den Eindruck vermitteln darf, es gebe ein Nacheinander der verschiedenen Prozesse. Vielmehr laufen diese Prozesse parallel zueinander ab.[36]

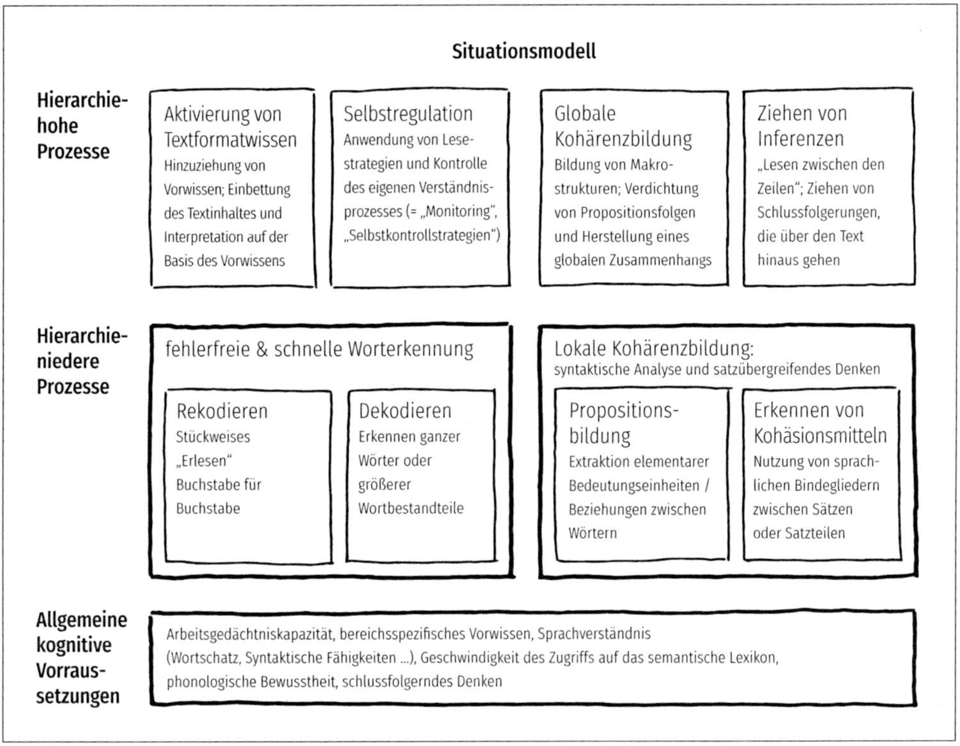

Abb. 16: Das Situationsmodell des Leseverstehens (nach Lenhard 2013, 15)

36 Eine gut lesbare und empfehlenswerte Übersicht über die vielfältigen Anforderungen des Lesens findet sich in Garbe/Holle/Jesch (2010).

Das Situationsmodell zeigt nun aber an, worauf sich das Lesetraining zum Aufbau kognitiver Lesefähigkeiten richten kann.

Automatisierung

a) Leseflüssigkeit – Aufbau hierarchieniedriger Lesefähigkeiten: Das schnelle und fehlerfreie Worterkennen (Dekodieren) und der Aufbau von Beziehungen zwischen den Worten zur Erschließung von einfachen Aussagen auf Satzebene wie auch die Verbindung zwischen Sätzen (lokale Kohärenzbildung) sind Prozesse auf der Oberfläche der Texte. Diese basalen Lesefähigkeiten müssen durch vielfältige Übungen *automatisiert* werden.[37] Dabei geht es – ähnlich wie beim Textschreiben (vgl. Kap. 4) – darum, die begrenzten Arbeitsgedächtniskapazitäten möglichst stark zu entlasten. Während am Anfang des Lesenlernens viel Aufmerksamkeit für das Erschließen konkreter Wort- und Satzbedeutungen nötig ist, nimmt diese Belastung des Arbeitsgedächtnisses mit zunehmender Routine und Automatisierung der hierarchieniedrigen Lesefähigkeiten ab. Diese Prozesse können dann nicht nur schneller, sondern auch beiläufig durchgeführt werden, wodurch zunehmend mehr Aufmerksamkeit für die Textverarbeitung auf hierarchiehoher Ebene bereitgestellt werden kann.[38]

Lautlese-verfahren

Das Ziel der Automatisierung dieser Prozesse – die Entwicklung von Leseflüssigkeit – soll vor allen Dingen durch eine möglichst intensive Lektüre angemessen anspruchsvoller Texte erreicht werden. Dazu sind in den letzten Jahren die Lautleseverfahren intensiv beforscht worden. Durch das stimmhafte Vorlesen soll die Realisierung der Textoberfläche eine besondere Aufmerksamkeit erhalten (vgl. Rosebrock/Nix 2015, 45 ff.).

1) In der Schule hat das sog. *Reihumlesen* als Lautleseverfahren Tradition, wobei die Schüler*innen nacheinander Abschnitte in einem Text vorlesen. Diese Praxis führt aber einerseits zu sehr wenig aktiver Vorlesezeit, da die meiste Zeit mit Warten und bestenfalls Mitlesen verbracht wird. Weiterhin kann dieses Vorgehen gerade bei Kindern mit erst geringen basalen Lesefähigkeiten zu negativen und beschämenden Leseerlebnissen führen,

---

37 Im Detail lassen sich drei Teilfähigkeiten unterscheiden: Segmentieren, Hypothesen aufstellen (Erwartungsaufbau) und Hypothesen überprüfen (Lesegenauigkeit). Eine gute Übersicht über diese Fähigkeiten mit konkreten Bezügen zum Erkennen von Problemen und zur Förderung findet sich auf der Seite des Bildungsservers Berlin-Brandenburg: https://bildungsserver.berlin-brandenburg.de/themen/sprachbildung/lesecurriculum/lesen-im-unterricht/lesen-im-deutschunterricht/dekodierfaehigkeit/ (16.04.2019).

38 Auch hier liegt der (Trug-)Schluss nahe, die basalen Lesefähigkeiten wären die Voraussetzung für die hierarchiehohen Lesefähigkeiten. Das ist aber nicht richtig, da zum Beispiel über das komplexere Textverstehen, wie es Kinder auch beim Vorlesen lernen, wichtige Voraussetzungen für das Verständnis der Oberflächeninformationen geschaffen werden und nicht zuletzt auch motivationale Fragen der selbstständigen Lektüre maßgeblich über komplexe Texterfahrungen erzeugt werden. Die basalen Lesefähigkeiten stellen zwar ein grundlegendes, aber kein vorgelagertes Lernfeld dar.

was eine ausgesprochen negative Auswirkung auf das lesebezogene Selbstkonzept nach sich ziehen kann.

2) Anders ist es beim *Wiederholten Lautlesen*. Hier üben die Schüler*innen einen angemessen anspruchsvollen Text so oft, bis sie ihn flüssig und gestaltend (angemessene Betonung, Sprechmelodie, etc.) vorlesen können. Dann kann das Vorlesen im Klassenplenum geschehen und bei den Kindern als Ergebnis eher positive Erfahrungen mit der nun bewältigbaren Leseanforderung erzeugen.

3) Die *Partnerleseverfahren* hingegen setzen weniger auf ein wiederholendes Lesen als auf ein kompetentes Lesemodell. Hier werden Partnergruppen gebildet, wobei unterschiedlich entwickelte Lesende zusammenarbeiten sollten. Der zu lesende Text wird dann von beiden Kindern gemeinsam und gleichzeitig laut vorgelesen, wobei sich das leseschwächere Kind am Lesefluss des lesestärkeren Kindes orientieren kann. Das lesestärkere Kind weist auf eventuelle Lesefehler hin und hat dadurch die Möglichkeit, neben der Automatisierung des Leseprozesses auch die Fähigkeiten zur (Selbst-)Kontrolle zu trainieren und die Gleichzeitigkeit von Lesen und Kontrollieren koordinieren zu lernen. Das leseschwächere Kind profitiert hingegen vom unterstützten Lesefluss im Bereich der Automatisierung der basalen Lesefähigkeiten.[39]

Mit solchen methodischen Varianten kann man bezogen auf die Automatisierung des Lesens wichtige Entwicklungen anbahnen. Voraussetzung dafür ist, dass solche Übungsphasen regelmäßig und über einen längeren Zeitraum stattfinden, da Automatisierungsprozesse Zeit brauchen, um die passenden Routinen auszubilden. Weiterhin besteht eine große Herausforderung darin, das oft recht formale Übungsvorgehen in sinnhafte Zusammenhänge einzubinden, um demotivierende Lernsituationen aufgrund stupider Übungspraxen zu verhindern. Das wiederholte Lesen kann z. B. für den Vortrag eines Textes vor der Klasse genutzt werden, so dass die Übungszeit auch Mittel zum Zweck der Vorbereitung einer Präsentation ist. Beim Partnerlesen wird mitunter vorgeschlagen, die kurzen Übungsphasen durch eine Sportmetapher aufzulockern, also nicht von lesestarken und leseschwachsen Kindern, sondern von Trainer*innen und Sportler*innen zu sprechen (vgl. Rosebrock et al. 2017, 101 ff.).

---

39 Je nach Leseentwicklung kann es dann auch sinnvoll sein, dass die Schüler*innen phasenweise ihre Rollen tauschen.

Lesestrategien erwerben

b) Lesestrategien – Aufbau hierarchiehoher Lesefähigkeiten: Anders als die Prozesse der Leseflüssigkeit, die eher unbewusst ablaufen und automatisiert werden müssen, beziehen sich die Lesestrategien auf Prozesse der bewussten Organisation und Strukturierung des Textverstehens. Sie werden als Arbeitstechniken eingeführt (deklaratives Wissen) und geübt, um später das Erarbeiten anspruchsvoller Lektüren zu stützen.[40] Lesestrategien können auf verschiedene Aspekte des Leseprozesses fokussiert sein. Maik Philipp (vgl. 2012, 45) unterscheidet dabei drei große Bereiche:

- *Kognitive Lesestrategien* (Informationen verarbeiten), z. B. unterstreichen, Notizen machen, Texte gliedern, etc. zum Zweck der Erschließung von Textstruktur und Inhalten
- *Metakognitive Lesestrategien* (Leseprozesse steuern und regulieren), z. B. Leseaufgaben analysieren, einen Leseplan erstellen, die eigene Aufmerksamkeit beim Lesen überwachen zum Zweck des bewussten Einsatzes geeigneter kognitiver Lesestrategien
- *Stützstrategien* (Lesen indirekt stützen), z. B. Anstrengung gezielt planen und überwachen, Belohnungen planen, Leseort optimieren zum Zweck der Regulierung der Lesemotivation und der Optimierung der Kontextfaktoren des Lesens

Dieses gezielte Training der verschiedenen Hierarchieebenen kann zu einem zunehmend souveränen Umgang mit Leseanforderungen führen, sollte aber immer wieder an Prozesse des Lesens als kulturelle Praxis zurückgebunden werden. Das Training ist dabei kein Selbstzweck, sondern soll durch die Entwicklung der Prozessebene der Lesekompetenz auch das Leseverhalten positiv beeinflussen.

Lesesozialisation und Leseförderung

Sozialer Kontext

Im vorhergehenden Abschnitt standen Handlungsmöglichkeiten im Blickpunkt, die hauptsächlich auf zu erwerbenden kognitiven Fähigkeiten zurückgeführt werden konnten. Nun ist es aber so, dass das Verhalten von Menschen nicht nur eine Frage der kognitiven Voraussetzungen ist. Dass ein Mensch lesen kann, heißt noch lange nicht, dass er es tut. Das Verhalten wird neben den psychologischen Bedingungen auch vom sozialen Umfeld geprägt und beeinflusst. Was in einer sozialen Gruppe erwünscht oder verpönt ist, wird sich auch im Verhalten der Mitglieder einer Gruppe widerspiegeln. Insofern muss das Lernen neben den inneren, psychischen

40 Im Leselehrwerk *Lesefreunde 2–4* (Cornelsen-Verlag) wird z. B. in jedem der 12 Kapitel eine Lesestrategie eingeführt oder vertieft und an den Texten des Kapitels angewendet und geübt.

Funktionen auch die prägende Kraft des äußeren Umfelds von Lernenden im Blick behalten. In der Lesedidaktik ist dieser Kontext seit Jahren im Rahmen der Lesesozialisationsforschung fokussiert und mittlerweile vielschichtig erforscht worden. Die pädagogisch-didaktische Unterstützung dieser Dimension der Lesekompetenzentwicklung, die sich vorrangig auf das auf der Subjektebene gelagerte lesebezogene Selbstkonzept bezieht, wird als *Leseförderung* bezeichnet.

Sozialisation

Die Lesesozialisationsforschung beruft sich auf den soziologischen Begriff der *Sozialisation*. Diesen Prozess definiert der Soziologe Klaus Hurrelmann folgendermaßen:

Im Prozess der Sozialisation nimmt der Handelnde schrittweise die Erwartungen und Verhaltensmaßstäbe des sozialen Systems auf.
(Hurrelmann 1990, 43)

Und die Deutschdidaktikerin Bettina Hurrelmann präzisiert:

Mit ‚Sozialisation' meine ich vielmehr der neueren Sozialisationstheorie und literarischen Sozialisationsforschung entsprechend das „Mitglied-Werden" in einer Gesellschaft oder Kultur, das dadurch unterstützt wird, dass die Gesellschaft „Mitgliedschafts-Entwürfe" bereitstellt, mit denen sich die Subjekte, ihren Entwicklungsbedürfnissen entsprechend, aktiv auseinandersetzen können.
(Hurrelmann 2004, 48)

Das Motiv des *Mitglied-Seins* betont dabei, dass es hier um die Frage der Teilhabe an gesellschaftlichen Strukturen geht. So ist es z. B. so, dass Kinder aus Familien, in denen der Umgang mit Büchern keine Rolle spielt, in Tendenz sehr viel größere Hürden bei der Entwicklung einer positiven Einstellung zum Lesen zu überwinden haben, als Kinder aus buchaffinen Familien. Das hängt damit zusammen, dass diese Kinder, die bereits vielfältige Erfahrungen mit dem Umgang mit Büchern sammeln konnten, erkannt haben, dass Bücher und Leseprozesse für erwachsene Vorbild- und Bezugspersonen eine bedeutsame Rolle spielen, dass sie vertraut geworden sind mit der Sprache von Büchern, aber auch mit sozialen Situationen und dazugehörigen Praktiken des (Vor-)Lesens und dass sie konkrete Handlungsmuster – *Mitgliedschaftsentwürfe* – kennengelernt haben, wie mit einem Buch umzugehen ist.

Habitualisierung

Unter dem Begriff der *Lesesozialisation* wird also genau dieser Prozess des sozial gesteuerten Mitglied-Werdens in einer Gesellschaft der Lesenden verstanden. Dabei geht es weniger darum, dass alle Schüler*innen das Lesen als wichtigste Freizeitbeschäftigung erleben. Wohl aber geht es darum, dass Schüler*innen sich gern und freiwillig verschiedenartigsten Lesesituationen aussetzen, viele verschiedene Leseangebote nutzen und über ein breites Repertoire an Verhaltensformen verfügen, mit Texten adäquat umzugehen. Das Ziel ist also die Erziehung einer habituellen Leser*in, für die das Lesen ein wichtiger Bestandteil der täglichen Alltagsbewältigung ist und die sich dieser Anforderung souverän und proaktiv stellt.

Der Begriff der *Lesesozialisation* bezieht sich vor allen Dingen auf die Sozialisation in schriftbasierten Medienwelten, egal ob es sich um pragmatische (sachbezogene und informative Texte) oder ästhetische Texte (literarische Texte) handelt. Sie ist als ein Teilbereich einer weiteren *Mediensozialisation* zu begreifen, die das Hineinwachsen in eine von verschiedensten Medien durchdrungene Alltagswelt betrifft. Schließlich ist davon noch der Begriff der *literarischen Sozialisation* abzugrenzen, der konkret die Auseinandersetzung mit literarisch-ästhetischen Formen meint, die nicht nur schriftbasiert, sondern auch in anderen Medienformen (Film, Hörspiel, Theater, etc.) verarbeitet sein können.

Sozialisationsinstanzen

Für die Strukturierung der Lesesozialisation unterscheidet Norbert Groeben Instanzen der Lesesozialisation auf drei Ebenen (Abb. 17). Er geht dabei von einer allgemeinen gesellschaftlichen Lesekultur auf der Makro-Ebene aus. Auch wenn nicht alle Teile der Gesellschaft die gleichen Beziehungen zum Lesen haben, gibt es doch bestimmte Diskurse und Normvorstellungen, die das Lesen prägen und so auf Sozialisationsinstanzen der Meso-Ebene wie die Familie, die Schule und die Peer-Group einwirken. In diesen Instanzen werden die lesebezogenen Normen der Gesellschaft formell durch die Schule und informell durch Peers und die Familie in konkrete Praxen des Lesens überführt. Sie begegnen dem aufwachsenden Individuum dort als Handlungsmöglichkeiten und bilden eben jene von Bettina Hurrelmann angesprochenen Mitgliedschafts-Entwürfe. So entwickelt sich anhand der erlebten Rahmenbedingungen die individuelle Lesekultur auf der Mikroebene, in die die gesellschaftlichen Normvorstellungen indirekt auch eingegangen sind.

Um diese Einflüsse nun noch ein wenig konkretisieren zu können, wird der Blick im Folgenden ein wenig genauer auf die Makro- und die Meso-Ebene gerichtet. Worin bestehen die tradierten gesellschaftlichen Normen? Wie können sie über die Instanzen der Lesesozialisation vermittelt werden?

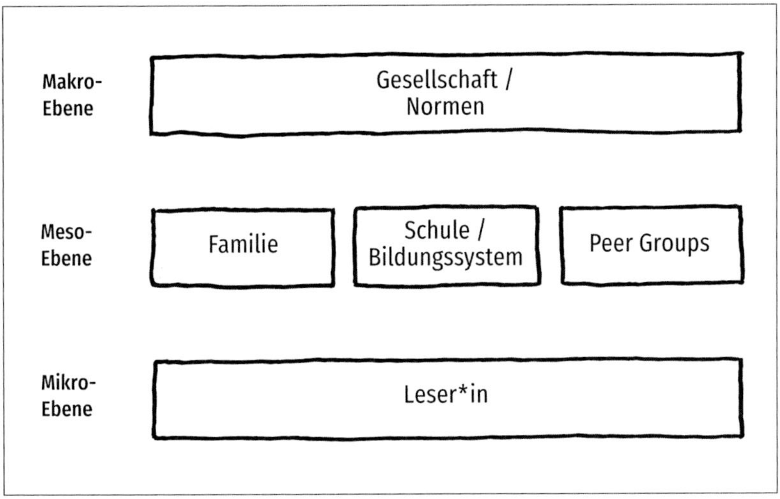

Abb. 17: Instanzen der Lesesozialisation (nach Groeben 2004, 147)

a) Makro-Ebene – lesebezogene Bildungsnormen der Gesellschaft: Bettina Hurrelmann (2004, 22) hat drei relevante lesebezogene Bildungsnormen herausgearbeitet, die sie auch kulturgeschichtlich verortet.

Bildungsnormen

1) *Lesen als Mittel zur Befähigung zu rationaler Selbstbestimmung:* In der Tradition des aufklärerischen Denkens des 18. Jahrhunderts ist damit ein Lesen zum Zweck des Wissenserwerbs und zur Erkenntnis gemeint. Im Mittelpunkt stehen eher sach- und informationsbezogene Texte. Ziel des Lesens ist die Erkenntnis.
2) *Lesen als Mittel zur existenziellen Persönlichkeitsentwicklung:* In der Tradition der Klassik und Romantik wird eher auf die Eigengesetzlichkeit der Kunst rekurriert und die ästhetische Erfahrung im Sinne der sprachlichen Sensibilisierung und kulturellen Selbstreflexion betont. Im Mittelpunkt des Lesens stehen eher ästhetische Texte der sog. Hochkultur. Ziel des Lesens ist die Entwicklung der gesamten Persönlichkeit.
3) *Lesen zur Erfüllung motivational-emotionaler Erlebnisbedürfnisse:* Die in der aktuellen Mediengesellschaft fortschreitende Überwindung der starken Abgrenzung der Unterhaltungsbranche von der sog. Hochkultur und die im Zuge der PISA-Studien aufgekommene Diskussion um die Bedeutung der Lesefreude haben das Lesen als Erlebnis und Genuss in den Blick gerückt. Als Lektüre in Betracht gezogen werden nun auch Texte der Unterhaltungsbranche, literarische Qualität ist nicht allein das ausschlaggebende Kriterium für die Lektüreauswahl. Ziel des

Lesens ist die Entwicklung einer positiven Einstellung zum Lesen über das Leseerlebnis.

Alle drei Bildungsnormen spielen bei der Betrachtung des Lesens heute eine große Rolle. Das Lesen wird als wichtige Voraussetzung für die Bildung des Individuums verstanden, gleichzeitig aber auch als Medium der Selbstreflexion und kulturellen Bildung. Nicht zuletzt haben das genussvolle Lesen und die Lesemotivation in den letzten Jahren für die Lesekompetenzentwicklung an Bedeutung gewonnen. Diese verschiedenen Erwartungen und normativen Ansprüche an das Lesen bestehen in einer Zeit, in der das Lesen nahezu alle Bereiche der Gesellschaft durchdrungen hat und der Arbeitsmarkt in zunehmenden Maße auf hochqualifizierte Arbeitskräfte spezialisiert ist. Insofern kommt zum kulturell tradierten hohen Ansehen des Lesens auch ein ökonomischer Druck, der eine erfolgreiche Leseentwicklung zu einer wichtigen Voraussetzung für eine erfolgreiche Berufsbiografie macht.[41]

Familiäres Leseklima

b) Meso-Ebene – Sozialisationsinstanz Familie: Die Familie ist sicherlich die stärkste Einflussgröße auf Ebene der Sozialisationsinstanzen. Wird in der Familie eine buchaffine Haltung angelegt, hat es die Schule leicht, Kinder auf dem Weg hin zur habituellen Leser*in zu unterstützen. Wachsen Kinder in der Familie eher buchfern auf, hat die Schule nur begrenzte Erfolgschancen, hier Ausgleiche herbeizuführen.[42] Aus diesem Grund richtet sich die Aufmerksamkeit der Leseförderung in den letzten Jahren zunehmend auch auf die Familie. Gerade die Verknüpfung von Schule und Familie soll Familien bei der Ausgestaltung ihrer Sozialisationsfunktion unterstützen.[43]

Als Faktoren für ein positives Leseklima in der Familie gelten besonders (vgl. Groeben/Schroeder 2004, 320):

- die soziale Integration des Lesens in den Familienalltag: Beobachten die Kinder Eltern und Geschwister beim Lesen zur Alltagsbewältigung und als Freizeitgestaltung?
- die Praxis literarischer Kommunikationsformen: Werden literarische Angebote genutzt bzw. dem Kind angeboten?
- die Praxis der literarischen Anschlusskommunikation:

41 Die zentrale Bedeutung des Lesens für wirtschaftliche Entwicklungen wird auch daran deutlich, dass die Lesekompetenz in internationalen und nationalen Leistungsvergleichsstudien immer eine zentrale Rolle einnimmt.

42 Interessante Einblicke in das sich wandelnde Mediennutzungsverhalten in der Familie bieten die Studien des Medienpädagogischen Forschungsverbundes Südwest KIM, FIM und JIM: https://www.mpfs.de (16.04.2019).

43 Interessant in dem Zusammenhang ist die Projektinitiative Family Literacy (Rabkin 2010), die konkret schulische und familiale Bildungswelten verbindet, indem im schulischen und außerschulischen Rahmen gemeinsame Angebote für Eltern und Kinder organisiert werden und den Eltern in diesem Zusammenhang auch Alphabetisierungsangebote unterbreitet werden. Ein weiteres Angebot ist das Programm Lesestart (https://www.lesestart.de (16.04.2019)), das zu mehreren Zeitpunkten Familien mit Kindern auf dem Weg zu einer ausgeprägten Lesekultur unterstützt.

Werden literarische Erfahrungen reflektiert und diskutiert?

- die soziale Vorbildwirkung der Familienmitglieder beim Mediennutzungsverhalten.

Ein weiteres wichtiges Thema der familialen Lesesozialisation ist die Prägung lesebezogener Geschlechterstereotype. So kann auf Grundlage einer Studie der *Stiftung Lesen* festgestellt werden, dass in deutschen Familien mit 73% vorrangig ausschließlich die Mütter vorlesen.[44] Die starke feminine Konnotierung des Lesens wird hier angelegt und vielfach in der Schule angesichts fehlender männlicher Lesevorbilder verstärkt.

Schulische Lektüreauswahl

c) Meso-Ebene – Sozialisationsinstanz Schule: In der Schule werden nicht nur die kognitiven Lesefähigkeiten vermittelt und trainiert, auch die Leseförderung wird zunehmend als Aufgabenfeld schulischen Leseunterrichts anerkannt. In vielen Schulen finden sich dafür feste Strukturen, z. B. regelmäßige Vorlesezeiten im Morgenkreis, Lesezeiten im Rahmen der Wochenplanarbeit, Leseecken für die selbstbestimmte Auswahl von Lesestoff, regelmäßige Kooperationen mit Stadtbibliotheken, Autor*innenbesuche im Unterricht, Lesenächte etc. Dabei scheint es wichtig, für die Leseförderung neben geeigneten Lesestoffen, -anlässen und Leseorten auch Lesevorbilder zu schaffen und das sind in erster Linie die Lehrer*innen. Auch die Auswahl von passenden Lesestoffen sollte aufmerksam durchgeführt werden. So stellen Karin Richter und Monika Plath in einer großangelegten Befragung von Thüringer Grundschulkindern und Lehrer*innen fest, dass die Kinder mehrheitlich die Lesestoffe favorisierten, die in der Schule eine eher untergeordnete Rolle spielen. So gaben 64 % der Kinder an, gern Abenteuerliteratur zu lesen, während diese laut der Befragung der Lehrkräfte nur einen Anteil von 11 % der Schullektüre ausmacht. Das Genre der realistischen Literatur stellte hingegen mit 43 % die mit Abstand größte Lektüregruppe dar, wurde aber von Jungen und Mädchen übereinstimmend mit 25 % als am wenigsten beliebtes Genre eingeschätzt (vgl. Richter/Plath 2005). Die beiden Autorinnen leiten daraus einen Zusammenhang zur ebenfalls erfragten negativen Entwicklung der Einstellung zum Deutschunterricht ab. Letztere nimmt über die Jahre kontinuierlich ab, was die Autorinnen darauf zurückführen, dass die Lektüren des Unterrichts zu wenig Rücksicht auf die tatsächlichen Leseinteressen der Schüler*innen nehmen. Auch wenn der direkte Kausalschluss sicherlich mit Vorsicht zu bewerten ist, kann doch eine wichtige Aufgabe der Schule darin gesehen werden, sensibel auch auf die individuellen Präferenzen der Schüler*innen zu rea-

44 https://www.stiftunglesen.de/download.php?type=documentpdf&id=3 (16.04.2019)

gieren, um auch in der Schule das Lesen frühzeitig als genussvolle Tätigkeit erfahrbar zu machen.

Peer-Group **d) Meso-Ebene – Sozialisationsinstanz Peer-Group:** Bis heute werden Cliquen und Peer-Groups als Sozialisationsinstanzen wenig beforscht. Es hat sich aber herausgestellt, dass sich auch die Dynamiken und die normativen Vorstellungen innerhalb solcher Gruppen von Gleichaltrigen auf das lesebezogene Selbstkonzept der Heranwachsenden auswirken. So können z. B. positive Einstellungen zu bestimmten Werken in der Gruppe zur eigenen Lektüre führen, etwa wie die Lesehypes im Umfeld der Harry-Potter-Heptalogie. Eine negative Bewertung des Lesens im Freundeskreis hingegen kann sich auch negativ auf das Leseverhalten Einzelner auswirken. In der Schule kann es daher auch sinnvoll sein, passende Formen der Unterstützung peerinterner Austauschprozesse zu entwickeln.

Im Zusammenspiel können die angesprochenen Sozialisationsinstanzen auf der sozialen Ebene die literarische Praxis und die Anschlusskommunikation der Schüler*innen anregen und zu einer positiven Einstellung zum Lesen beitragen. Damit entstehen wiederum positive Effekte für die Subjektebene und das lesebezogene Selbstkonzept.

Kinderliteratur und literarisches Lernen

Das literarische Lernen ist sicherlich einer der Themenbereiche, dessen Bedeutung im Spektrum der grundschulbezogenen Deutschdidaktik schwierig zu präzisieren ist. Der frühzeitige Umgang mit (Kinder- und Jugend-)Literatur – bereits lange vor der Schule – und die Bedeutung des Lesens von Literatur stehen hier natürlich keineswegs zur Diskussion. Doch ist eben festzustellen, dass dem Umgang mit Literatur in den ersten Schuljahren eine andere Bedeutung zugemessen wird. Das Lesen von Geschichten und Gedichten in vielen Formen – so die landläufige Auffassung – dient in den ersten Schuljahren zuallererst dem Zugang zur Lesepraxis oder der thematischen Arbeit. Literatur ist in beiden Fällen eher Mittel zum Zweck und als literarischer Gegenstand noch nicht im Blick.

3 Funktionen Vergleicht man diese Beobachtung mit der Bedeutung, die dem Umgang mit Literatur in der didaktischen Diskussion zugewiesen wird, fallen schnell die Leerstellen auf. Nach Cornelia Rosebrock (vgl. 1995, 10) hat der Umgang mit Literatur drei Funktionen:

1) *Thematische Funktion:* Literatur ist ein Aufhänger für thematische Lernsequenzen, ggf. auch in anderen Unterrichtsfächern.
2) *Ästhetisch-bildende Funktion:* Am Umgang mit Literatur entwickeln die Schüler*innen Rezeptionskompetenzen. Sie lernen Literatur zu

lesen, diese in ihren spezifischen Formen zu erkennen und eigene Zugänge dazu zu entwickeln. Es geht also um die Teilhabe an der literarischen Kultur.

3) *Lesefördernde Funktion:* Kindern und Jugendlichen soll durch den Umgang mit Literatur Freude am Lesen vermittelt werden.

In der oben geäußerten Beobachtung zum Deutschunterricht in der Grundschule wird besonders auf die Funktionen a) und c) Bezug genommen. Die ästhetisch-bildende Funktion (b), also der Zugang zur Spezifik des Literarischen beim Lesen wird hingegen in der Grundschule oft übergangen. Das hängt vor allen Dingen damit zusammen, dass Kindern ein Zugang zu anspruchsvolleren Fragen der Literarizität noch nicht zugetraut wird. Vorherrschend ist hingegen die Auffassung, die Grundschule wäre für die Anbahnung der grundlegenden Sprach-, Lese- und Schreibfähigkeiten zuständig und die höhere Bildung mit ihren ästhetischen Ansprüchen der literarischen Tradition gehöre eher in die Sekundarstufe.

Solche Auffassungen sollten allerdings kritisch hinterfragt werden. Denn ein Blick auf die sprachlichen Produktionen von Schüler*innen zeigt, dass diese viel früher als erwartet über ein ausgeprägtes Verständnis literarischer Strukturen verfügen und dass dieses Verständnis auch notwendig für schriftspracherwerbsbezogene Lernprozesse ist. Diese These sollen zwei Beispiele veranschaulichen.[45]

Rezeption

Im ersten Beispiel diskutieren vier Kinder eines dritten Schuljahrs über das Bilderbuch *Schnipselgestrüpp* von Christian Duda und Julia Friese (2013).[46]

K1: […] n bisschen seltsam war, dass der Name nicht von den Personen vorkam. Das war auch n bisschen – denn man muss ja auch nicht immer bei den Personen im Buch den Namen hinschreiben. Man kann ja auch manchmal das weglassen. […]

K2: Naja, vielleicht hat sich das der Schriftsteller so gedenkt. Vielleicht hat er gesagt, jetzt: „So ich schreib jetzt mal ne Geschichte, wo die Personen keinen Namen haben.“ […]

K3: Ähm, vielleicht hat es den, vielleicht wollte der damit gar nichts erreichen, aber – aber vielleicht, ähm, ist dem kein Name eingefallen. […]

K4: Vielleicht wollte er das Buch damit interessanter machen oder lustiger, dass der Name nicht genannt wird.

---

45 Seit einigen Jahren gibt es zudem zur Frage der literarischen Rezeptionsfähigkeiten von Kindern eine ausgeprägte Forschungstätigkeit. Alexandra Ritter hat in einer Studie z. B. die Lektüre anspruchsvoller Bilderbücher durch Grundschulkinder untersucht und festgestellt, dass die Kinder auch zu schwierigen Stoffen einen angemessenen Zugang finden konnten (vgl. A. Ritter 2017).

46 Ausführlich zur Studie vgl. Ritter/Ritter (2013).

Im Mittelpunkt steht dabei die Frage, warum die Hauptfigur des Buches, ein Junge, keinen Namen trägt. Die Kinder nehmen das Phänomen nicht nur wahr, sie tragen auch verschiedene Deutungsmöglichkeiten im Hinblick auf eine Autor*innenintention zusammen. Die verschiedenen Ideen zeigen nicht nur eine gewisse Sensibilität für ein literarisches Stilmittel, sondern auch ein breites Interesse und Verständnis der Zusammenhänge von Intention, Gestaltung und Wirkung von Literatur. Ein abstraktes Verständnis davon, dass Literatur nicht nur ein Thema hat, sondern auch eine Form, die zu einer bestimmten Wirkung beiträgt, kann hier leicht erkannt werden.

Literarisches Wissen

Das zweite Beispiel bezieht sich auf einen kreativen Schreibprozess, der aber auch im Kontext literarischen Lernens steht.

Die kleine Nachtfee

Es war einmal ein dunkler Wald. Dort, wo er am dunkelsten war, stand ein Haus. Jeden Abend öffnete sich die Tür und die Nachtfee verteilte die Nacht über das Land. Dann ritt sie auf Sternentänzer, dem Sterneneinhorn, aus. Das macht sie heute noch.

Isabelle (2. Schuljahr)

Die Zweitklässlerin Isabelle greift bei ihrer märchenhaften Geschichte auf ein breites Repertoire an Strukturen und Stoffen der literarischen Tradition zurück (vgl. Kap. 4, Intertextualität). Nicht nur, dass sie ihren Text mit einer märchenhaften Wendung einleitet, auch die Szenerie und das Figurenarsenal scheinen der Märchenwelt entlehnt zu sein. Die Namen und Wesen sind poetische Geschöpfe, die durch die sprachliche Technik der Komposition (Zusammensetzung) entstanden sind und mit der Verbindung von Tieren mit Nachtwörtern (<Nacht-Fee>, <Sternen-Einhorn>) eine ganz eigene Atmosphäre erzeugen. Ganz souverän geht Isabelle auch mit dem Grundmuster einer Geschichte um. Durch eine passende Eingangsformel führt sie in eine fiktive Situation ein. Mit wenigen Worten, aber dennoch umfassend orientiert sie ihre Lesenden im Hinblick auf die beschriebene Situation (Um wen geht es? Wo und wann spielt die Handlung?), erzeugt mit einer Steigerung des <dunklen Waldes> auch noch einmal die Spannung, etabliert dann mit den eingeführten Figuren eine Handlung die in diesem Fall weniger auf einen Konflikt hinausläuft als auf die fantastische Erläuterung eines Naturphänomens; das Einbrechen der Nacht. Mit dem Abschlusssatz erlangt das Phänomen überzeitliche Bedeutung. Gleichzeitig rundet der Satz strukturell den Text als mögliche Abschlusswendung ab.

Diese beiden Beispiele zeigen, dass Kinder durchaus in der Lage sind, Literatur in ihrer ästhetischen Form zu erkennen und zu reflektieren. Und mehr noch machen es erst verinnerlichte literarische Formen (Geschichtenbaumuster, Motive, Stoffe) möglich, dass sie selbst sprachlich produktiv werden. Insofern ist ein frühes literarisches Lernen nicht nur möglich, sondern auch eng mit dem Spracherwerb verbunden und keineswegs nur ein i-Tüpfelchen der sog. *höheren Bildung*. Die drei von Cornelia Rosebrock besprochenen Funktionen von Literatur sind auf jeden Fall auch für den Deutschunterricht in der Grundschule relevant. In Bezug auf die Didaktik spielt das literarische Lernen zur vertiefenden Auseinandersetzung mit Texten eine wichtige Rolle.

Literarisches Lernen

Zur Bestimmung des Gegenstandsbereichs *literarischen Lernens* kann eine Annäherung von Iris Kruse herangezogen werden.

Beim Umgang mit literarischen Texten geht es einerseits um Kognitives und Sprachliches, um die genaue Wahrnehmung von Texten, andererseits aber auch um Persönliches, Anteilnehmendes, Subjektives. (Kruse 2008, 4)

Damit zeigt sich, dass das literarische Lernen nicht nur die Aneignung von Literatur und Kommunikationsformen über Literatur betrifft, sondern dass sich hier kognitive Fähigkeiten, Wissensbestände und subjektiv-emotionale Dimensionen des Lernens verbinden. Daher ist das literarische Lernen auch auf allen drei Ebenen des Lesekompetenzmodells verankert. Es betrifft das Subjekt und seine Haltung zu Literatur wie auch seine Selbstreflexion im Medium des Literarischen. Das geschieht vor dem Hintergrund von Fähigkeiten und Wissensbeständen, die auf der Prozessebene zu verorten sind. Literatur wird zudem sozial vermittelt. Literarisches zu rezipieren ist in soziale Situationen eingebunden und geht mit der Begegnung mit und Vermittlung von Perspektiven anderer einher; sei es das Gespräch über eine Lektüre nach individuellen Lesephasen oder der gemeinsame Besuch einer Theateraufführung. Insofern findet im literarischen Lernen im Unterricht auch die Integration der verschiedenen Ebenen des Lesekompetenzmodells in idealtypischer Weise statt.

11 Aspekte literarischen Lernens

Zur Strukturierung hat Kaspar H. Spinner die Schwerpunkte des Themenbereichs als *11 Aspekte literarischen Lernens* zusammengefasst (vgl. Spinner 2006a):

- Beim Lesen und Hören Vorstellungen entwickeln
- Subjektive Involviertheit und genaue Wahrnehmung miteinander ins Spiel bringen
- Sprachliche Gestaltung aufmerksam wahrnehmen
- Perspektiven literarischer Figuren nachvollziehen
- Narrative und dramaturgische Handlungslogik verstehen

- Mit Fiktionalität bewusst umgehen
- Metaphorische und symbolische Ausdrucksweise verstehen
- Sich auf die Unabschließbarkeit des Sinnbildungsprozesse einlassen
- Mit dem literarischen Gespräch vertraut werden
- Prototypische Vorstellungen von Gattungen/Genres gewinnen
- Literaturhistorisches Bewusstsein entwickeln

Mit dieser Sammlung kann ein wesentlicher Anspruchsrahmen an den Deutschunterricht präzisiert werden.[47] Umgesetzt werden können diese Schwerpunkte in einem breiten Spektrum an unterschiedlichen didaktisch-methodischen Konzepten, die seit vielen Jahren in der Literaturdidaktik diskutiert werden. Beispielhaft können hier drei Konzepte erwähnt werden:

Über Literatur sprechen

a) Literarisches Gespräch: Das Sprechen über Literatur ist eine traditionelle Form des Literaturunterrichts. Während sich tradierte Gesprächsformate aber eher in einer lehrerzentrierten Form organisieren, bei der die Lehrer*in Fragen stellt, die die Aufmerksamkeit auf bestimme Aspekte des Textes (thematische Aspekte, Merkmale der Textsorte, Besonderheiten) richten und eine eindeutige Antwort kennen, steht beim literarischen Gespräch das lesende Subjekt im Mittelpunkt. Kinder diskutieren in literarischen Gesprächen ihre persönlichen Beobachtungen und Befindlichkeiten in Bezug auf den gelesenen Text und entwickeln daran individuelle Lesarten des literarischen Materials.[48] Ausführlich ist diese Methode in den letzten Jahren von Ute Andresen (2004) und in der Form des Heidelberger Modells von Gerhard Härle und Marcus Steinbrenner (2014) beschrieben worden.[49]

Mit Literatur handeln

b) Handlungs- und produktionsorientierter Literaturunterricht: In Abgrenzung zum analysebasierten Literaturunterricht haben Gerhard Haas, Wolfgang Menzel und Kaspar H. Spinner (gemeinsam 1994) bereits in den 1980er- und 1990er-Jahren einen Literaturunterricht propagiert, dessen besonderes Augenmerk auf der handelnden und produktiven Auseinandersetzung mit Texten liegt. Grundidee ist, dass die Aneignung von Texten und ihren literarischen Besonderheiten am besten durch die aktive Beschäftigung mit diesen Texten erreicht wird. So geht es beim handlungs- und produktionsorientierten Literaturunterricht in erster Linie um die eigene Kreativität

47 Es ist aus Platzgründen hier nicht möglich, auf die einzelnen Aspekte einzugehen. Vielfältige Konkretisierungen finden sich aber in der angegebenen Fachliteratur.

48 Vgl. das oben genannte Beispiel zu *Schnipselgestrüpp* (Duda/Friese 2013).

49 Eine lesenswerte Studie legte jüngst auch Felix Heizmann (2018) vor.

im Umgang mit Texten, z. B. wenn gelesene Texte szenisch gespielt oder vertont werden, offene Textenden weitergeschrieben, die Geschichten aus der Perspektive der Figuren neu erzählt oder in Anlehnung an sprachliche Strukturen Paralleltexte geschrieben werden. Mittlerweile hat sich ein breites Repertoire an solchen Methoden entwickelt, die vielfach auch eine enge Verbindung zum kreativen Schreiben (vgl. Kap. 4) aufweisen. Besonders in der Grundschule haben sich handlungs- und produktionsorientierte Formen des Literaturunterrichts breit etablieren können (vgl. Spinner 2010).

Medienverbund

c) Intermediale Lektüre: Auf den durch den expandierenden Medienmarkt vielfältiger werdenden Literaturmarkt reagiert das von Iris Kruse (2011; 2013) vorgeschlagene Konzept der intermedialen Lektüre. Viele literarische Werke liegen heute nicht nur als Buch, sondern auch in (zum Teil verschiedenen) Verfilmungen, als Hörspiele, Comics und/oder Computerspiele vor. Im Rahmen einer intermedialen Lektüre erfolgt die Lektüre des Werkes abschnittweise in verschiedenen Medienformaten. Das führt dazu, dass Kinder vielleicht einen Abschnitt des Buches lesen, einen folgenden Abschnitt aber z. B. als Film erleben und damit die Gesamtlektüre eher als Puzzle verschiedener, zum Teil auch in sich nicht nur stimmiger Bausteine der Handlung erfahren. Damit soll nicht nur die Lektüre selbst abwechslungsreicher gestaltet werden. Auch die Gemachtheit und Künstlichkeit des literarischen Werkes kann so gerade im Vergleich seiner medialen Umsetzungen erschlossen und diskutiert werden. Dadurch sollen die Schüler*innen zur Reflexion der medienästhetischen Dimension der literarischen Werke angeregt werden.

Solche Konzepte zeigen anschaulich, dass Literatur im Grundschulunterricht nicht auf eine Rolle als motivierender Lesestoff oder Themeneinstieg reduziert werden muss. Auch die Literatur selbst und ihre besondere, von der Alltagssprache deutlich unterschiedene Gestalt können und sollen im Unterricht Gegenstand der Reflexion werden und literarische Kompetenzen anbahnen. Kinder können über Literatur ins Gespräch kommen und in der Auseinandersetzung mit ästhetischen Besonderheiten und der Mehrdeutigkeit literarischer Stoffe wichtige Erfahrungen im Umgang mit Sprache sammeln.

Geeignete Texte?

Eine zentrale Frage ist dann immer noch die, welche Literatur für den Unterricht ausgewählt werden kann. Prinzipiell gilt, dass man nahezu jeden Text in nahezu jeder Jahrgangsstufe thematisieren kann, wenn nur der unterrichtliche Zugriff passt. Eindrücklich zeigen das Ute Andresen (2004) und Marion Ziesmer (2011) in ihren Studien, in denen Gedichte der sog. Erwachsenenliteratur für Kinder zum Gegenstand der Reflexion werden. Bezogen auf die Kinder- und Jugendliteratur hat Bettina Hurrelmann (1990) drei Bewertungsdimensionen formuliert, die auch heute noch eine gute Orientierung versprechen:

- *Ästhetische Qualität:* Die Texte für den Unterricht sollten von hoher Qualität und ästhetischer Besonderheit sein, anregend und herausfordernd, komplex und offen für eigene Deutungen.
- *Leser*innenvoraussetzungen:* Die Texte sollten das Interesse von Kindern berücksichtigen, aber auch die sich ändernden Lese- und Sehgewohnheiten.
- *Wirkungsästhetische Dimension:* Die Texte sollten das Potenzial haben, Kindern beim Lesen bereichernde Erfahrungen zu vermitteln, ihre Konflikt- und Urteilsfähigkeit, ihre Wahrnehmungs- und Genussfähigkeit zu steigern.

Diese Kriterien sind natürlich nicht eindeutig bestimmbar und wieder der individuellen Interpretation ausgesetzt.[50] Allerdings sollte die Orientierung im Unterricht darauf gerichtet werden, Kinder mit zu lesenden Texten herauszufordern und sie bei der Textauswahl nicht zu gering zu schätzen. Denn darin ist sich die literaturdidaktische Forschung einig: Kinder sind zu sehr viel mehr in der Lage, als ihnen die Erwachsenen gemeinhin zutrauen. Und gerade dieser Bereich der anspruchsvollen Texte bietet eine Vielzahl an Anknüpfungsmöglichkeiten für literarische Lernprozesse.

50 Für aktuelle Diskussionen vgl. z. B. Jantzen/Josting/Ritter (2018).

Zum Weiterdenken

1) Analysieren Sie ein Lesebuch. Welche Angebote für das Lesetraining, die Leseförderung und die literarische Bildung werden dort gemacht? Beziehen sich die Angebote des Lesetrainings eher auf die hierarchieniedrigen oder auf die -höheren Leseprozesse?
2) Welche Maßnahmen für die Leseförderung können Sie in Ihrer nächsten Praktikumsklasse beobachten? Beobachten Sie auch das Leseverhalten einzelner Kinder und versuchen Sie, Einschätzungen zum lesebezogenen Selbstkonzept der Schüler*innen abzuleiten.
3) Befragen Sie Erwachsene in ihrem Umfeld (Pädagog*innen und andere), worin die Menschen die Aufgabe des Literaturunterrichts in der Grundschule sehen. Setzen Sie diese Aussagen in Beziehung zu den Bildungsnormen von Bettina Hurrelmann.
4) Sammeln Sie Texte, die Sie bei der Lektüre bewegt haben. Was hat Sie daran angesprochen? Welche dieser Texte würden Sie auch mit Kindern lesen? Begründen Sie Ihre Auswahl.

Zum Weiterlesen

Bertschi-Kaufmann, Andrea (Hrsg.)(2010): Lesekompetenz – Leseleistung – Leseförderung. Grundlagen, Modelle und Materialien. Seelze [u. a.].

Garbe, Christine/Holle, Karl/Jesch, Tatjana (2010): Texte lesen. Textverstehen – Lesedidaktik – Lesesozialisation. Paderborn.

Jentgens, Stephanie (2016): Lehrbuch Literaturpädagogik: Eine Einführung in Theorie und Praxis der Literaturvermittlung. Weinheim.

Ritter, Alexandra (2017): Bilderbuchlesarten von Kindern. Neue Erzählformen im Spannungsfeld von kindlicher Rezeption und Produktion. Baltmannsweiler.

Rosebrock, Cornelia/Nix, Daniel (2015): Grundlagen der Lesedidaktik und der systematischen schulischen Leseförderung. Baltmannsweiler.

7. Sprachbetrachtung

Warum ein Lernbereich *Sprache untersuchen* statt *Grammatik*?

Beim Blick in das Inhaltsverzeichnis dieses Buches mag aufgefallen sein, dass es kein Kapitel explizit zum Grammatikunterricht gibt. Dies kann den Eindruck vermitteln, dass die Grammatik in einer solchen Darstellung keine Rolle spiele. Im Grundschulunterricht gilt Grammatik als schwieriger und abstrakter Lehrstoff. Weiterhin führt der Grammatikunterricht nicht unmittelbar zu sprachlichen Handlungskompetenzen. Das kann mit dem folgenden Beispiel kurz erläutert werden.

Spracherwerb

Die deutsche Sprache ist durch vielfältige grammatische Phänomene geprägt. Zum Beispiel kann man die Nomina der deutschen Sprache einem Genus (grammatischen Geschlecht) zuordnen. Das hat auch wortübergreifende Konsequenzen, beeinflusst es doch die Auswahl von Bezugswörtern wie Artikeln und Pronomen und die Deklination bei Adjektiven. Weiterhin werden Abhängigkeiten von Satzbausteinen im Deutschen durch die Kasus-Flexion (Fälle) markiert. Kinder erwerben im Verlauf ihrer Sprachentwicklung die Fähigkeit, bei der Satzbildung Genus- und Kasusformen korrekt zu bilden. In der Regel findet diese Entwicklung bereits vor Schuleintritt statt und sie ist in der Schule weitgehend abgeschlossen. Die Thematisierung des grammatischen Geschlechts und der Fälle in der Schule kann also nicht dem Zweck dienen, den Gebrauch derselben zu lehren. Das können Kinder bereits. Sie wissen nur nicht, dass sie es können, da ihnen die bewusste Wahrnehmung und das fachliche Hintergrundwissen fehlen, diese Fähigkeiten entsprechend metasprachlich zu reflektieren.[51]

Abb. 18: Text von Laura, ohne Markierung von Wortgrenzen: „Achtung, Lara hat den Kakao ausgekippt. Die Katze geht zu den Glasscherben." (1. Schuljahr, September)

Wortwissen

Ähnlich ist es z. B. mit dem Wortkonzept. Die gesprochene Sprache nehmen Kinder als verbundenen Lautfluss wahr, Sprechlücken zwi-

51 Das geht Erwachsenen im Übrigen nicht anders. Viele der Lesenden werden sich vielleicht bislang noch nicht bewusst gewesen sein, dass sich die mündliche und die schriftliche Sprache auch konzeptionell unterscheiden (vgl. Kap. 2), dennoch haben sie diesen Unterschied im sprachpraktischen Handeln schon angemessen berücksichtigt.

schen den Wörtern existieren oft nicht. Vielmehr kann nur die Sprechsilbe den Lautfluss beim Sprechen untergliedern. Hört man beispielsweise eine Sprache, die man nicht beherrscht, kann man nur feststellen, wie viele Silben gesprochen wurden, nicht wie viele Wörter. Das Wort als sprachliche Einheit wird erst beim Schreiben auf graphischer Ebene sichtbar. Aus diesem Grund markieren Kinder am Anfang ihrer Schreibentwicklung auch noch keine Wortgrenzen (Abb. 18). Erst langsam entwickelt sich ein Wortkonzept, das auch zur Einführung der Spatien (Leerzeichen zwischen den Wörtern) führt. Das ist auch deshalb faszinierend, weil es in der Linguistik keine einheitliche Definition der lexikalischen Einheit Wort gibt.[52] Dennoch baut das entwickelte Sprachverständnis ganz selbstverständlich auf eine Vorstellung dessen auf, was als Wort bezeichnet werden kann. Tatsächlich sind diese Vorstellungen zum Wortkonzept bei den meisten Menschen eher diffus.

Tempusfunktionen

Es drängt sich also auf, dass Menschen eigentlich gar kein Wissen über Grammatik benötigen, um sich grammatisch richtig artikulieren zu können. Viele grammatische Phänomene sind zudem gar nicht so eindeutig zu bestimmen, wie es die traditionelle Schulgrammatik gern darstellt. Gerade die Diskrepanz zwischen vermeintlich eindeutiger Systematik und Sprachgebrauch wird an den Gegenständen des Grammatikunterrichts in der Grundschule deutlich. Beispielsweise führen Sprachbücher des dritten Schuljahrs nach wie vor das Tempus Präteritum als Form der Vergangenheitsdarstellung ein. Das entspricht allerdings nicht dem heutigen Sprachgebrauch (vgl. Topalović/Uhl 2014). Vielmehr wird der Unterschied zwischen Perfekt und Präteritum eher im Hinblick auf den Wahrheitsgehalt der Botschaft gemacht. So markiert der Perfektgebrauch, dass eine Handlung tatsächlich stattgefunden hat, während das Präteritum häufiger für die Darstellung einer fiktiven Handlung genutzt wird.

Ich bin in die Stadt gegangen und habe mir eine Hose gekauft.
(Erlebnisbericht – eher Perfekt)

Rotkäppchen ging in den Wald und traf den Wolf.
(fiktive Handlung – eher Präteritum)

Der Gebrauch des Präteritums beim ersten Satz zur Darstellung eines vergangenen Einkaufs wäre möglich, aber nicht gebräuchlich. Es handelt sich eher um eine grammatische Form zur Markierung des literarischen Stils einer Information. Aktuell hat sich das Präteritum zu einer eher gehobenen Sprachform entwickelt und wird für die Darstellung einfacher Alltagsphänomene kaum noch verwendet.[53]

52 Zum Wortkonzept von Kindern vgl. z. B. Bredel (2013, 52 ff.).

53 Es gibt jedoch Ausnahmen wie z. B. Hilfs- und Modalverben (z. B. *ich war* statt *ich bin gewesen*).

Die angeführten Beispiele machen deutlich, dass der tradierte Grammatikunterricht mit seinen festen Begriffen und Kategorien nicht wirklich auf die Erklärung der aktuellen Sprachpraxis abzielt und daher problematisch ist. Eine zeitgemäße Didaktik grammatischer Phänomene muss sich daher grundsätzlich fragen, worauf der Unterricht in diesem Feld abzielen muss.

Handlungsfeld Sprachreflexion

Sprachkönnen und Sprachwissen

An dieser Stelle muss nun präzisiert werden, was mit dem Schlagwort *Sprachreflexion* eigentlich gemeint sein soll. Was sind mögliche Zielperspektiven für den Unterricht? Ursula Bredel stellt in einer differenzierten Übersicht Formen des Nachdenkens und Wissens über Sprache zusammen, die wichtige Anhaltspunkte bieten (2013, 93 ff.). Zentral ist dabei die Unterscheidung von *Sprachkönnen*, das eher unbewusst und beiläufig entsteht und zu einem adäquaten Gebrauch der Sprache führt, und *Sprachwissen*, das ein eher abstraktes Analysewissen darstellt und explizit, also bewusst verfügbar ist. Tatsächlich ist das Analysewissen über Sprache nicht die Voraussetzung für sprachlich korrektes Handeln, sondern das sprachliche Können schafft eine Voraussetzung dafür, über Sprache nachdenken zu lernen und explizites Sprachwissen zu erwerben, das beispielsweise beim Erwerb von Fremdsprachen hilfreich ist. Der Lernweg erfolgt vom eher impliziten *Sprachgefühl* zum eher expliziten *Sprachbewusstsein*. Damit ist auch geklärt, dass die oben aufgeworfene paradoxe Situation, dass Kinder sprachliche Kategorien wie Genus und Kasus lange vor deren Thematisierung im Unterricht beherrschen, keinesfalls einer Grammatikdidaktik im Wege steht. Es geht im Unterricht mehr um die zunehmende Befähigung zum systematischen Nachdenken über und Analysieren von Sprache und weniger um den Wissenserwerb als Grundlage für Handlungskompetenz.

Metasprachliche Reflexion

Angestrebtes Ziel ist die Fähigkeit zur metasprachlichen Reflexion, also vom eher intuitiven Sprachhandeln zum Wissen über Sprache zu gelangen. Dazu sind selbstverständlich auch begriffliche Systeme nötig, also die Auseinandersetzung mit den typischen grammatischen Ordnungssystemen wie Wortarten, Satzgliedern, etc. Deren Erwerb soll aber weniger zu einer in sich schlüssigen Vorstellung des Sprachsystems führen, als die Grundlage für die sprachliche Realisierung der Reflexion darstellen.

Und an dieser Stelle wird auch deutlich, warum sich dieser Anspruch des Lernfeldes Sprachreflexion nicht auf den Grammatikunterricht beschränkt. Das Nachdenken über das im Alltag direkt erlebte und unbewusst gesteuerte Sprachhandeln zieht sich durch alle Themenfelder des Deutschunterrichts, wie an einigen Beispielen gezeigt werden kann:

Querschnittsaufgabe

1) *Sprechen und Zuhören:* Für den Morgenkreis Gesprächsregeln festzulegen, setzt voraus, sich die Struktur einer Gesprächshandlung und ihre inneren Gesetzmäßigkeiten vor Augen zu führen und Vereinbarungen hinsichtlich besonders funktionaler Formen des Gesprächs zu treffen.
2) *Textschreiben:* Das Nachdenken über Textsortenmerkmale und die Beratung eines Schreibprojektes in einer Schreibkonferenz setzen abstrakte Wissensbestände zur Spezifik der Textsorten und Adressat*innenorientiertheit schriftlichen Handelns voraus.
3) *Rechtschreiben:* Die gemeinsame Diskussion über das Zustandekommen einer besonderen Wortschreibung reflektiert das orthografische Wissen der beteiligten Kinder.
4) *Lesen:* Das Sprechen über Leseeindrücke und Beobachtungen im Rahmen eines literarischen Gesprächs oder das Schreiben eines Gedichtes nach einem sprachlichen Baumuster beziehen sich ebenso auf sprachliche und ästhetische Wissensbestände. Besonderheit und Eigenartigkeit können erst am Beispiel einer idealtypischen, konventionellen Darstellung präzisiert werden.

Es wird also deutlich, dass alle Lernbereiche des Deutschunterrichts angesprochen sind, wenn es um den Aufbau von metasprachlichen Reflexionskompetenzen geht. Es handelt sich damit eher um eine Querschnittsaufgabe des Deutschunterrichts, die zum Ziel hat, das vorhandene, vielfach eher implizite Sprachkönnen (Sprachgefühl) in ein zunehmend explizites Sprachwissen (Sprachbewusstsein) zu überführen.

Grammatische Sprachreflexion anbahnen

Bedeutung des Sprachwissens

Die Feststellung, dass die metasprachliche Reflexion eine Querschnittsaufgabe in allen Bereichen des Deutschunterrichts darstellt, bedeutet nicht, dass die Grammatikdidaktik damit überflüssig würde. Mit der Anbahnung eines analytischen Verständnisses von grammatischen Phänomenen wird eine wichtige Grundlage dafür geschaffen. So kann das Wissen um Wortarten hilfreich bei der Bestimmung spezifischer Überarbeitungsbedarfe eines Textes im Rahmen einer Schreibkonferenz sein. Und umso differenzierter sprachliches Analysewissen vorhanden ist, umso genauer können sprachliche Phänomene bezeichnet, analysiert und reflektiert werden.

Damit stellt sich an dieser Stelle die Frage nach dem passenden didaktisch-methodischen Ansatz, der diese Ziele erreichen hilft. Hier soll auf eine Systematisierung der Ansätze bei Ursula Bredel (2013, 226 ff.) verwiesen werden:

Deduktive Begriffsvermittlung

a) Der traditionelle Grammatikunterricht: Im Mittelpunkt steht die (deduktive) Vermittlung eines begrifflichen Systems der grammatischen Kategorien. Methodisch geht es vor allen Dingen um die Analyse sprachlichen Materials, die Zuordnung von sprachlichen Phänomenen zu Kategorien und die Anwendung des Sprachwissens im Sprachgebrauch; also das im Unterricht häufig beobachtbare Bestimmen von Wortarten, Satzgliedern, etc. Bis heute scheint ein solcher Ansatz in der Praxis des Grammatikunterrichts eine große Rolle zu spielen. In den bisherigen Ausführungen sollte allerdings deutlich geworden sein, dass dieser Zugang eine Vorstellung der sprachlichen Systematik vermittelt, die einerseits sprachwissenschaftlich problematisch und andererseits im Hinblick auf die Anwendbarkeit des vermittelten Fachwissens mitunter nicht zielführend ist (siehe Beispiel Präteritumgebrauch).

Induktive Situationsanalyse

b) Der situationsbezogene Grammatikunterricht: Besonders die Kritik der fehlenden alltagspraktischen Relevanz des traditionellen Grammatikunterrichts war für die Entwicklung dieses Ansatzes maßgeblich (vgl. Boettcher/Sitta 1978). Sprache in ihrer kommunikativen Funktion sollte konsequent im Mittelpunkt des Unterrichts stehen und die Gegenstände des Unterrichts (induktiv) aus konkreten Sprachhandlungssituationen abgeleitet werden. Beim Textschreiben z. B. könnten häufige Wortwiederholungen zum Ausgangspunkt für die Erarbeitung der Wortart Pronomen und ihrer Ersatz- und Verknüpfungsfunktion im Text werden. Der Vorteil dabei ist, dass sich das grammatische Phänomen direkt auf die tatsächlichen Sprachhandlungsprozesse der Lernenden beziehen lässt; also eine hohe alltagspraktische Relevanz gewinnen kann. Gleichzeitig kann der Grammatikunterricht damit aber auch wenig systematisch angelegt werden. Das Auftreten der Phänomene ist in diesem Fall nicht steuerbar und insofern auch kaum aufeinander aufbauend zu organisieren.

Funktionsanalyse

c) Der funktionale Grammatikunterricht: Während der situationsbezogene Ansatz auf passende Ereignisse im sprachlichen Handeln warten muss, inszeniert der funktionale Grammatikunterricht (vgl. Köller 1983) konkrete Phänomene, die unter grammatikalischen Gesichtspunkten analysiert werden können. Dabei werden die sprachlichen Strukturen nicht nur unter formalen Gesichtspunkten analysiert, sondern auch mit Blick auf ihre funktionale Einbettung untersucht. Beispielsweise könnten Funktion und Wirkung von Verben verglichen werden, die sowohl stark als auch schwach gebeugt werden können (z. B. buk – backte, lag – legte). Damit soll der Unterricht den oben genannten Problemen entgegenwirken und Sprache nicht als abstraktes System, sondern als komplexes Handlungsfeld untersuchen.

Handlungsorientiertes Sprachlernen

d) Über diese Systematisierung von Bredel hinaus schlägt Bartnitzky noch einen **handelnd-reflektierenden Grammatikunterricht** vor (2005, 8 ff.). Er weist damit auf die Bedeutung handlungsorientierter und experimenteller Verfahren hin, um beim konkreten Operieren am Sprachmaterial Wissen über Sprache zu generieren (vgl. Bartnitzky 2011, 208).

Die heutige Grammatikdidaktik verbindet damit viele der verschiedenen Anliegen, muss sich aber immer wieder an der Grundfrage abarbeiten, ob bei der Bearbeitung grammatischer Phänomene eher die Einbettung in eine Sprachhandlungssituation, also der konkrete Bezug zum alltäglichen Sprachgebrauch, im Mittelpunkt steht oder die systematische Erschließung des Sprachsystems. Dies wird eher durch die Herauslösung des Phänomens aus dem Anwendungskontext und die Orientierung auf die grammatische Struktur gewährleistet.

Zum Weiterdenken

1) Befragen Sie Kinder und Erwachsene unterschiedlichen Alters, was ein Wort ist. Welche Vorstellungen treten zutage?
2) Suchen Sie in Fachzeitschriften Unterrichtsvorschläge für Sprachreflexion im Kontext grammatischer Phänomene. Welche didaktischen Grundannahmen und Ansätze zum sprachlichen Lernen lassen sich dabei erkennen?

Zum Weiterlesen

Bartnitzky, Horst (2005): Grammatikunterricht in der Grundschule. 1.-4. Schuljahr. Berlin.

Bredel, Ursula (2013): Sprachbetrachtung und Grammatikunterricht. Paderborn.

Topalović, Elvira/Uhl, Benjamin (2014): „In der Gegenwart erzählen wir im Präsens!" Wie die Tempora des Deutschen vermittelt werden. In: Die Grundschulzeitschrift 28 (2014) H. 277, 42–45.

8. Deutschdidaktik im 21. Jahrhundert – neue Themen

Im bisherigen Verlauf des Buches standen – nach einigen einführenden Überlegungen zum Kompetenzbegriff und zum Verhältnis von Mündlichkeit und Schriftlichkeit – vor allen Dingen die großen didaktischen Handlungsfelder der Deutschdidaktik im Mittelpunkt, die auch die Struktur der *Bildungsstandards* (KMK 2004) und der Lehrpläne abbilden. Das gibt der Darstellung eine recht konventionelle Struktur, was aber auch in ihrer Funktion als Einführungslektüre begründet liegt. Im folgenden Kapitel des Buches sollen nun vier Themenfelder in den Blick gerückt werden, die die Diskussion der grundschulbezogenen Deutschdidaktik seit einigen Jahren geprägt haben und aktuell als besondere Herausforderungen der Fachcommunity bezeichnet werden können; und im Bezug zu den bisherigen Themenschwerpunkten eher Querschnittsthemen darstellen. Nun ist es im Umfang dieser Darstellungen nicht möglich, einen systematischen Einblick in die Gegenstandsfelder zu eröffnen, die damit angesprochen werden. Daher versuchen die vier folgenden Abschnitte lediglich mit einem ausschnitthaften Einblick in die besondere Problematik des Begriffsfeldes einzuführen. Am Ende des Kapitels findet sich zu jedem der Begriffe eine Lektüreempfehlung zur systematischeren Erschließung des Themas.

Diagnostik

Leistung beschreiben und vergleichen

Mit dem Aufkommen der großen internationalen Bildungsvergleichsstudien um die Jahrtausendwende hat sich die didaktische Diskussion erheblich verändert. Gerade die erste *PISA-Studie* im Jahr 2000 (vgl. Deutsches PISA-Konsortium 2001) erschütterte mit ihren ernüchternden Befunden das Vertrauen in Deutschland als eine Bildungsnation und löste eine starke Diskussion um eine Verbesserung der schulischen Bildung aus. Möglich wurde dies, weil in PISA und ähnlichen Vergleichsstudien nicht mehr der Bildungsanspruch des Unterrichts im Mittelpunkt stand, sondern der tatsächliche Ertrag, der sogenannte Output, in den Blick gerückt wurde. Dafür wurden Instrumente geschaffen, denen es gelingen sollte, erreichte Kompetenzen messbar und international vergleichbar zu machen. Das gelang einerseits durch die Etablierung des *Kompetenzbegriffs*, der in seiner in PISA und anderen Studien genutzten Form die genaue Bestimmung der untersuchten Gegenstandsbereiche absichern sollte und andererseits durch die Entwicklung von Messverfahren, die auf der Basis einer kompetenzorientierten Modellierung der Untersuchungsgegenstände deren Erwerb in einer einigermaßen genauen Form erfassen sollten. Für die Deutschdidaktik war besonders das Konstrukt *Lesekompetenz* zentral, das als Indikator für die generelle Leistungsfähigkeit der sprachlichen Bildung fokussiert wurde.

Dabei muss man den Begriff *Diagnostik* sicherlich differenzierter betrachten. Der Begriff selbst ist alltagssprachlich eher aus der Medizin bekannt und bezeichnet dort Methoden zur Feststellung von Krankheiten. Damit wird bereits ein problematischer Aspekt der didaktischen Diskussion deutlich. Schnell entsteht nämlich der Eindruck, dass negative diagnostische Ergebnisse auf eine krankhafte oder wenigstens problematische Lernentwicklung hinweisen würden. Bei dieser Sicht steht also die Abweichung von einer als Normalentwicklung definierten Norm im Mittelpunkt. Kinder werden durch die Diagnostik in *normale* und (positiv oder negativ) *abweichende* Lernende unterschieden. Dafür gilt es dann Begründungen zu finden[54] und die Kinder in den vermeintlich homogenen Leistungsgruppen (*Durchschnitts-* vs. *Förderkinder*) separat zu fördern.[55]

Diagnostische Instrumente

Dieser eher medizinischen Perspektive steht die sog. *pädagogische Diagnostik* gegenüber. Pädagogische Diagnostik hat dabei zwei zentrale Funktionen, die Optimierung von Lernprozessen (Prozessdiagnostik) und die Optimierung der Bewertung und Beurteilung Einzelner (Individualdiagnostik) (vgl. Digel/Schrader 2013). Pädagogische Diagnostik ist demnach eine Praxis der Diagnostik, der es nicht primär um die Feststellung von Abweichungen zur Norm, sondern um die Beschreibung individueller Lernverläufe geht. In den Blick rückt hier, wie die Lernentwicklung des einzelnen Kindes in einem bestimmten Leistungsbereich beschrieben werden kann. Welche Entwicklungen sind erkennbar, was hat das Kind bereits gelernt und worin könnten die nächsten, sinnvollen Entwicklungsschritte bestehen? Dabei wird natürlich auch im Rahmen der pädagogischen Diagnostik mit Vergleichswerten und Normalentwicklungsvorstellungen gearbeitet. Diese dienen aber nicht der Separierung von Schüler*innen, sondern machen besondere Unterstützungsbedarfe Einzelner deutlich.

Die pädagogische Diagnostik greift auf vielfältige Verfahren bei der Gewinnung von Daten zurück. Die Grundannahme ist dabei, dass jedes Lehrer*innenhandeln im Unterricht letztendlich diagnoseba-

54 Zur Pathologisierung der Diagnostik in der Diskussion um Schwierigkeiten beim Lesen und Schreibenlernen, Stichwort Legasthenie, vgl. Bühler-Niederberger (2006) und Valtin (2006).

55 Vgl. dazu auch den Abschnitt *Inklusive Deutschdidaktik* in diesem Kapitel.

siert ist. Die Beobachtung und Beurteilung einer Schülerarbeit beinhaltet immer schon eine kriteriengeleitete Einordnung der Leistung in eine fachliche Vorstellung des Gegenstandsbereichs. Was an individuellen Stärken und Entwicklungserfordernissen erkannt wird, kann dann zur Grundlage für weitere unterrichtliche Lernangebote werden. Wenn eine Lehrkraft beispielsweise feststellt, dass eine Schüler*in mit einem bestimmten sprachlichen Phänomen noch nicht in angemessener Weise zurechtkommt, dann kann sie Unterstützung anbieten; durch Hilfestellungen am Arbeitsplatz, zusätzliche Übungen etc. Nichts anderes ist diagnosebasiertes Unterrichten. Damit wird auch klar, dass entgegen der oben erzeugten Vorstellung, es handele sich um ein neues Thema, Lehrer*innenhandeln schon immer auf diagnostischen Tätigkeiten beruhte.

In den letzten Jahren sind eine ganze Reihe an Verfahren entwickelt worden, die diesen Prozess der unterrichtsbegleitenden pädagogischen Diagnostik unterstützen und fachlich fundieren sollen. Das Spektrum reicht dabei von Beobachtungsbögen (vgl. z. B. Bartnitzky/Brügelmann/Hecker 2005), mit denen Lehrer*innen anhand bestimmter Kriterien die Lernentwicklung beurteilen können, bis hin zu standardisierten Testverfahren wie der ELFE II (vgl. Lenhard/Lenhard/Schneider 2018), einem Test zur Erfassung von Leseflüssigkeit und Leseverständnis in den Schuljahrgängen 1 bis 7.

Ziel von solchen standardisierten Formen der pädagogischen Diagnostik ist es, die eigenen Beobachtungen zur Lernentwicklung der Schüler*innen um einen objektiveren Blick auf die Leistungen zu erweitern. Das kann gut am Beispiel der Hamburger Schreibprobe (HSP; vgl. May 2008) illustriert werden. Die HSP ist ein zeitökonomisches Verfahren der Rechtschreibdiagnostik. Kinder erhalten zu bestimmten vorgegebenen Zeitpunkten einfache Schreibaufgaben. Sie verschriften nach Abbildungen geläufige, aber ungeübte (!) Wörter (Abb. 19) und mit zunehmendem Alter auch Sätze nach Diktat. Das Beispiel in Abb. 19 zeigt die Wortliste von Gustav, der seit ca. einem halben Jahr die Schule besucht.

Beschreibung und Bewertung

Der diagnostische Blick auf das Produkt erlaubt nun Informationen auf zwei Ebenen. Einerseits kann der fachlich geschulte Blick auf die Rechtschreibentwicklung (vgl. Kap. 5) schnell erkennen, dass Gustav einerseits alle Phoneme der Worte durch phonologisch passende Grapheme abbildet und auch schwierige Buchstabenverbindungen wie das Orthographem <sp> (sprich: /schp/) korrekt verschriftet. Das Kind beherrscht bereits die entfaltete alphabetische Strategie, eine wichtige Grundlage für die Rechtschreibentwicklung.

Abb. 19: Schreibproben von Gustav (1. Schuljahr, Januar)

Außerdem kann es bereits erste orthografische Elemente wie die Auslautverhärtung beim <Hund> (sprich: /hunt/) und die Konsonantenverdoppelung aufgrund der Vokalschärfung in <Hammer> korrekt bilden. Auch die Groß- und Kleinschreibung bewältigt Gustav bei den geschriebenen Wörtern richtig, auch wenn hier einschränkend festgestellt werden muss, dass alle Wörter Nomen sind und daher nicht klar ist, ob er auch Kleinschreibungen am Wortanfang korrekt markieren kann. Beim Wort <Fahrrad> zeigt sich aber auch, dass er komplexe Wörter noch alphabetisch verschriftet, also die Laute verschriftet, die er wahrnimmt. Er berücksichtigt hier weder die Auslautverhärtung oder die Dehnung des ersten Stammvokals noch die Buchstabenverdoppelung an der Morphemfuge <Fahr-rad>. Man kann also erkennen, dass Gustav die Grundlagen für das orthografische Schreiben bereits beherrscht. Als nächste Lernaufgabe sollten innere Regelbildungsprozesse (Auslautverhärtung, Dehnungs- und Schärfungsmarkierungen) im Unterricht aufgegriffen und unterstützt werden. All das kann an den Schreibproben in einer *qualitativen Analyse* abgelesen und für die weitere Lernentwicklung genutzt werden.

Wertet man die Schreibungen von Gustav über eine digitale Auswertungsplattform aus, bekommt man zusätzlich normierte Informationen zu Gustavs Lernentwicklung: Anhand einer *standardisierten Normstichprobe wird* u.a. festgestellt, dass Gustav in der alphabetischen Strategie einen Prozentrang[56] von 96 % erreicht und auch bei der orthografisch-morphematischen Strategie beträgt der Prozentrang 96 %. Neben der Einordnung der Schreibleistungen in die Lernentwicklungslogik der Rechtschreibung zeigen die standardisierten Werte, dass Gustav im Verhältnis zu seinen gleichaltrigen Mitschüler*innen im Bundesgebiet eine stark überdurchschnittliche Rechtschreibkompetenz aufweist.

Diagnose und Förderung

Es ist nun von großer Wichtigkeit, diese beiden unterschiedlichen Informationen richtig zu nutzen. Überlegungen zur passenden Lernunterstützung ergeben sich vor allen Dingen aufgrund der qualitativen Analyse – also der genauen Analyse der Wortschreibungen – für die keine normierte Stichprobe, sondern ein Wissen über die typischen Lernentwicklungsverläufe der Rechtschreibung benötigt wird. Hier steht also ein sprachdidaktisches Fachwissen im Hintergrund, das dafür sorgt, dass die Ergebnisse der Diagnostik in sinnvolle Maßnahmen der individuellen Förderung überführt werden. Die Normwerte zu den verschiedenen Strategien können hingegen helfen einzuordnen, ob Gustavs Lernentwicklung zusätzliche, besondere Unterstützungsmaßnahmen benötigt. Liegen die Ergebnisse hier unter 25 %, wird von einer unterdurchschnittlichen Leistung gesprochen und im Unterricht sollten im Rahmen flexibel verfügbarer Lernzeiten zusätzliche Angebote geschaffen werden, um sicherzustellen, dass Kinder eventuelle Entwicklungsverzögerungen in der Rechtschreibentwicklung ausgleichen können.

Es ist dabei ein schmaler Grat zwischen einer sensiblen Wahrnehmung sich anbahnender Rechtschreibschwierigkeiten sowie deren frühzeitiger Erkennung und Förderung einerseits und einer Stigmatisierung von Kindern als LRS-Kinder andererseits. Diagnostische Ergebnisse dienen dabei vor allen Dingen der Erkenntnis der Lehrer*in, die für ihre Unterrichtsplanung Informationen zur individuellen Lernentwicklung benötigt.

Weiterhin zeigt das Beispiel auch, dass standardisierte diagnostische Instrumente keinesfalls in der Lage sind, die Fachkompetenz der Lehrkräfte zu ersetzen. Erst eine fachlich versierte Leh-

56 Der Prozentrang gibt an, wie sich eine gezeigte Leistung in eine repräsentative Vergleichsgruppe einordnet. Von einhundert typischen Kindern in Gustavs Alter zeigen 96 % schlechtere oder gleiche Leistungen. Der Wert ist also stark überdurchschnittlich.

rer*in, die – um im gewählten Beispiel der HSP zu bleiben – über wissenschaftliches Wissen über die Rechtschreibentwicklung von Kindern verfügt, kann die Ergebnisse in einer Weise deuten, die nicht nur zu einer Einordnung der Schüler*in in eine Leistungsgruppe, sondern auch zu passenden unterrichtlichen Unterstützungsmaßnahmen führt.

Grenzen der Messbarkeit

Die zunehmende Kompetenzdiagnostik in der Didaktik ist stark umstritten. Einerseits zeigen aktuelle Studien eindrücklich, dass der Einsatz von Diagnoseinstrumenten zur Auswahl passender Maßnahmen und für eine erfolgreiche Rechtschreibförderung unverzichtbar ist (vgl. Neubauer/Kirchner 2013). Andererseits wird immer wieder auch darauf verwiesen, den Stellenwert formeller diagnostischer Instrumente für den Lernprozess nicht zu überschätzen. Am Beispiel der Lesekompetenz ist z. B. vielfach darauf aufmerksam gemacht worden, dass die bei PISA und anderen Vergleichstests untersuchten Konstrukte nur einen kleinen Ausschnitt der Prozessebene fokussieren, während weite Teile der kognitiven Anforderungen, wie auch der Subjektebene und der sozialen Ebene keine Berücksichtigung finden (vgl. Hurrelmann 2002, Spinner 2006b).

Abb. 20: Zeichnung zu einer Vorleselektüre von Magdalena (6 Jahre)

Es gilt daher beim Einsatz diagnostischer Verfahren im Unterricht genau zu klären, was durch das Verfahren tatsächlich untersucht wird und was nicht. Der Einsatz standardisierter diagnostischer Verfahren sollte dabei nicht die einzige Entscheidungsgrundlage bei der Ableitung von Fördermaßnahmen sein. Hier sollten auch andere Arbeitsergebnisse der Kinder zugrunde gelegt werden; z. B. neben der Schreibung freier Texte für die Rechtschreibentwicklung auch vielfältige Beobachtungen zum Leseverhalten (Subjektebene) und zur Verarbeitung von Leseinhalten, wie sie z. B. in Zeichnungen oder literarischen Gesprächen zum Ausdruck gebracht werden. So kann man z. B. an der Zeichnung der sechsjährigen Magdalena (Abb. 20) vielfältige Aussagen zum Textverständnis des Vorlesebuchs *Jim Knopf und die Wilde 13* (Ende 2004) ableiten, die wichtige Informationen zur Leseentwicklung bereithalten. Zum Beispiel zeigt die bildliche Darstellung, dass sie viele der Handlungselemente (Figuren und Orte) erinnert und in eine sinnvolle Beziehung zueinander setzen kann. Die Figurendarstellungen bilden auch wichtige Eigenschaften ab, die ihnen im Text zugeschrieben werden.

Inklusive Deutschdidaktik

Gemeinsames Lernen

Der Begriff *Inklusion* ist seit dem Inkrafttreten der *UN-Behindertenrechtskonvention* (UN-BRK)[57] im Jahr 2008 zu einer der bildungspolitischen Leitvokabeln geworden, was jedoch in verschiedener Hinsicht irreführend ist. Einerseits ist die damit verbundene Forderung eines gleichberechtigten Zugangs zur öffentlichen allgemeinen Bildung für alle Kinder viel älter und bereits seit den 1970er-Jahren Thema und in diversen Initiativen und Projekten der sog. Integrationsbewegung umgesetzt worden. Andererseits erzeugt die Verbindung des Themas mit der UN-BRK den Eindruck, es handele sich dabei um eine spezifische Maßnahme für Menschen mit einer sog. Behinderung,[58] inklusive Bildung sei so gesehen das gemeinsame Lernen Behinderter und Nicht-Behinderter in der Schule.[59] Das ist nicht ganz falsch, könnte aber auch kaum weiter vom Anspruch inklusiver Bildung entfernt sein. Denn genau solche

57 https://www.bmas.de/SharedDocs/Downloads/DE/PDF-Publikationen/a729-un-konvention.pdf;jsessionid=4BBC896A8EC16C2843B4D39AD47E3102?__blob=publicationFile&v=3 (23.04.2019)

58 Auch der Begriff *Behinderung* selbst hat sich grundlegend verändert. Während man früher davon ausging, Behinderte seien Menschen mit physischen und/oder psychischen Beeinträchtigungen, verweist z. B. die UN-BRK darauf, dass Behinderung kein Persönlichkeitsmerkmal ist, sondern „aus der Wechselwirkung zwischen Menschen mit Beeinträchtigungen und einstellungs- und umweltbedingten Barrieren entsteht" (UN-BRK, Präambel, Abs. e). Nach diesem Verständnis sind Menschen nicht behindert, sie werden behindert.

59 Vgl. z. B. https://www.spiegel.de/lebenundlernen/schule/inklusion-warum-behinderte-kinder-regelschulen-besuchen-sollten-a-979079.html (23.04.2019)

Dichotomien möchte das Konzept der Inklusion überwinden. So geht Inklusion als ein soziologischer Begriff von der Gesellschaft als einer „einzigen, untrennbar heterogenen Gruppe" aus (Hinz 2002, 357). Es geht also eher um das Überwinden von Kategorien wie Behinderung.

Wie kommt ein solches Ziel zustande? Was sind die Hintergründe und Ansprüche der Inklusion und – konkret bezogen auf die Schule – der inklusiven Bildung? Dazu ein Beispiel:

Dekategorisierung

In Kap. 4 war Pauls Text zu N. Scott Momadays Gedicht *Das Freudenlied des Tsoai-Talee* vorgestellt worden. In Pauls Klasse lernt auch Lukas, der zum dort beschriebenen kreativen Schreibangebot folgenden Text verfasst.

Ich

Ich bin das Blut, das leise durch den Körper fließt.
Ich bin das Meer, das durch den Mondschein glänzt.
Ich bin der Nebel, der durch die Wälder schwebt.
Ich bin der Schatten, der durch die Dunkelheit schwebt.

Lukas (2. Schuljahr, Oktober)

Anders als Paul ruft Lukas in seinem Text stille Naturbilder auf. Beginnend beim Blut als *Fluss des Lebens* schweifen seine Assoziationen zum Meer im Mondschein und beim Wasser bleibend zum Nebel in den Wäldern. Die Düsternis des Bildes geht schließlich im Schatten auf, der in der Dunkelheit kaum wahrnehmbar und still schwebt. Im Ganzen bleiben die Bilder fragil und kaum erkennbar, nur andeutungshalber das Ich im Text verkörpernd und zurückhaltend bestimmt. Ganz anders als in Pauls Text, der von klaren Aussagen geprägt war, scheint sich Lukas fast in seinem düster-fluiden Naturbild zu verstecken. Gleichzeitig wirken die Naturbilder gerade ihrer inneren Verbindung wegen so überzeugend. Lukas' Text hat ein Konzept und einen roten Faden. Umso verblüffender, dass Lukas in der zweiten Klasse einen Sonderstatus hat. Er ist bereits ein Jahr älter als seine Mitschüler*innen und besucht die Lerngruppe nach einem Schulwechsel erst seit Schuljahresanfang. Die zweite Klasse wiederholt er. Bei ihm wurde – nicht zuletzt wegen problematischer Leistungen im schriftsprachlichen Bereich – ein *sonderpädagogischer Förderbedarf im Bereich Lernen* festgestellt.

Ohne Zweifel, das Schriftbild von Lukas' Text offenbart eine andere Leistung. Seine Handschrift ist unstet und seine Rechtschreibung ist für die Abschrift erheblich angepasst worden. Dennoch schreibt Lukas sein Gedicht im Wortlaut wie oben abgedruckt und das zudem ohne fremde Unterstützung. Er kann also die anspruchsvolle

Aufgabe, die im Unterricht an ihn gestellt wird, auf der Ebene der Textgestaltung ausgezeichnet und mit verblüffendem Erfolg bewältigen, auch wenn er erhebliche Probleme mit der Markierung seines Textes hat. Dennoch kann weder von einem pauschalen Problem beim schriftsprachlichen Handeln die Rede sein, noch kann in dieser Situation eine Einschränkung seiner kognitiven Leistungsfähigkeit erkannt werden. Lukas scheint in die „Schublade", in die er durch die Zuweisung eines entsprechenden sonderpädagogischen Förderbedarfs gesteckt wurde, wenigstens in manchen Situationen nicht zu passen. Seine *Behinderung*[60] tritt also wenn dann nur situationsbezogen auf, sie ist keinesfalls eine stabile Einschränkung seiner Leistungsfähigkeit im Allgemeinen. In der beschriebenen Lernsituation bietet die anspruchsvolle Schreibanregung einen angemessenen Rahmen für seine Textproduktion, deren formale Seite er daran auch weiterentwickeln kann; z. B. wenn man den für ihn persönlich bedeutsamen Text in eine Form überführt, die den Text auch präsentierbar macht.

Umgang mit Heterogenität

Bezogen auf die Deutschdidaktik ergibt sich aus diesem Beispiel die Erkenntnis, dass Lukas zwar in bestimmten Situationen und Leistungsbereichen mehr Unterstützungsbedarf aufweist, dass das aber keinesfalls als pauschale Leistungsminderung zu betrachten ist und sehr stark von den tatsächlichen Leistungsanforderungen abzuhängen scheint. An der beschriebenen Schreibsituation kann er gleichberechtigt teilnehmen und er erzielt ein Ergebnis, das durchaus beeindruckt. Damit wird deutlich, dass Kategorien wie *Behinderung* oder *sonderpädagogischer Förderbedarf* zwar Hinweise geben können, welche besonderen Bedingungen das Lernen von Schüler*innen beeinflussen, dass das aber kaum zu pauschalen Schlussfolgerungen für die Förderung herangezogen werden kann. Vielmehr sollten Lehrer*innen im Unterricht sehr genau darauf achten, worin die spezifischen Potenziale und Schwierigkeiten von Kindern bestehen. Unabhängig von der Zuweisung von Förderlabels geht es in einem inklusiven Unterricht also darum, ein Lernangebot für eine heterogene Lerngruppe zu gestalten. Heterogenität betrifft dabei nicht nur die Differenzlinie Behinderung, sondern alle Persönlichkeitsmerkmale, die zu unterschiedlichem Lernverhalten beitragen. Das können auch Fragen der Herkunft, des Geschlechts, des Alters, der persönlichen Interessen, der Erfahrungen sein u. v. a. m. Jede Schulklasse ist demgemäß von einer großen Heterogenität geprägt und die Aufgabe für den Deutschunterricht besteht darin:

---

60 Bei Kindern mit einem sonderpädagogischen Förderschwerpunkt Lernen spricht man mitunter auch heute noch von einer *Lernbehinderung*.

1) Lernsituationen zu kreieren, in denen alle Kinder einen eigenen Zugang zu einem für alle Kinder gemeinsamen Lerngegenstand (die gemeinsame Sache, vgl. Naugk et al. 2016) finden können, der jedoch auf eine individuelle Art und Weise bearbeitet werden kann (Diversifizierung);
2) Und gleichzeitig die individuellen Förderbereiche unterschiedlicher Kinder zu erkennen und deren Entwicklung durch individualisierte Angebote zu unterstützen (Kompensation).

Kompensation und Diversifizierung

Dadurch werden für den inklusiven Deutschunterricht die zwei Pole Kompensation und Diversifizierung sichtbar, zwischen denen sich Lernangebote verorten lassen und die im Unterricht jeweils in eine sinnvolle Balance zu bringen sind (Abb. 21). Einerseits besteht ein großer Bedarf an individueller Förderung für Kinder, die in bestimmten Bereichen Schwierigkeiten bei der Aneignung der Lerngegenstände haben. Für Schüler*innen wie Lukas sollte der Unterricht gezielte Förderangebote bereithalten, seine Fähigkeiten beim Verschriften zunehmend weiterzuentwickeln. Es geht also um eine *kompensatorische Förderung* von Lukas, um die bestmögliche Förderung bestimmter Entwicklungsbereiche im schriftsprachlichen Bereich, um damit Lukas‘ Teilhabe an allgemeinen Bildungsangeboten und gesellschaftlichen Ressourcen langfristig bestmöglich abzusichern.

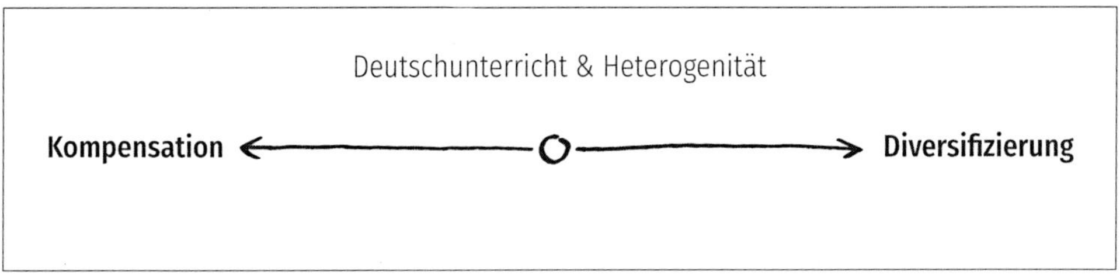

Abb. 21: Deutschunterricht zwischen Kompensation und Diversifizierung (nach Kruse/Ritter 2015)

Diese Perspektive steht aber in einer zweifachen Gefahr. Ein solcher Blick auf das Lernen erzeugt *Normalitätsvorstellungen*, was als grundlegender Zugang erreicht werden muss, um Teilhabe zu ermöglichen. Solche Tendenzen der Standardisierung mögen zwar zur Orientierung wichtig und hilfreich sein,[61] sie sind letztendlich aber willkürlich festgelegte Grenzmarkierungen, die das Lern- und Leistungsverhalten von Schüler*innen in normales und abweichendes Verhalten einteilen. Dadurch entsteht der Eindruck, im Un-

61 Diesem Zweck dienen zum Beispiele die Bildungsstandards Deutsch für die Primarstufe (KMK 2004).

terricht habe man es als Lehrer*in mit zwei Gruppen an Kindern zu tun, den vermeintlich normalen Schüler*innen und den *Kindern mit Förderbedarf*. Übersehen wird dabei, dass alle Kinder aufgrund ihrer unterschiedlichen Lernvoraussetzungen individuelle Lernziele haben und daher auch alle Kinder über einen spezifischen Förderbedarf verfügen. Die zu erreichenden Ziele können nicht nur an gesellschaftlichen Erfordernissen des Bildungssystems oder des Arbeitsmarktes festgemacht werden, sie müssen auch für die Kinder sinnvolle und machbare Ziele sein. Daher ist eine ausschließlich kompensatorische Perspektive problematisch, weil sie Schüler*innen hervorbringt, die vermeintlich keine Förderung brauchen, weil sie im *Normalbereich* liegen, und andere, die Förderung erhalten und dadurch den Normalbereich erreichen sollen und wiederum andere, die trotz intensiver Förderung Ziele der schulischen Normalitätsvorstellungen nicht erreichen. Schnell entsteht dabei der Eindruck, diese dritte Gruppe wäre in der *Regelschule* nicht beschulbar, da sie die *Regelbildungsziele* nicht erreicht. Stattdessen müssen sich Lehrer*innen im Klaren sein, dass sie Kindern gemäß ihrer verschiedenen Entwicklungsstände und Lernbedürfnisse passende Angebote unterbreiten können. Gemeinsames Lernen heißt dabei die gemeinsame Auseinandersetzung mit Lerngegenständen, nicht aber zwingend auch das gleiche Lernziel und -ergebnis für alle. Lernsituationen sollten hingegen so ausgerichtet sein, dass sie ganz verschiedenen Entwicklungsständen und Lernbedürfnissen sinnvolle Angebote unterbreiten können. Insofern geht es auch darum, Vielfalt als Realität unterrichtlichen Sprachhandelns zu akzeptieren und diese Vielfalt produktiv zu machen, so dass alle Kinder ihre bestmöglichen Ziele erreichen können. Orientierung gibt dabei wieder das Mehrebenenmodell der Kompetenz (vgl. Kap. 1, 20 ff.), das verdeutlicht, dass es neben kognitiven Lernprozessen auf der Prozessebene auch darum geht, ein positives Selbstkonzept mit Blick auf den Gegenstand zu entwickeln. Dieser Anspruch ist mit dem Begriff *Diversifizierung* gemeint.

Individualisierung und Standardisierung

Es wird deutlich, dass *Kompensation* und *Diversifizierung* nur im Zusammenspiel produktiv im Sinne eines inklusiven Unterrichts funktionieren können. Beispiele für solche Lernszenarien im Deutschunterricht sind in der jüngeren Vergangenheit verschiedentlich publiziert worden (vgl. z. B. Naugk et al. 2016). Zum zentralen Anspruch wird dabei der Versuch, *Individualisierung* und *Gemeinsamkeit* beim Lernen zu gewährleisten. Dadurch rücken auch die Aufgabenstellungen im Unterricht wieder stark in den Blick; denn durch die Aufgabenstellung werden letztendlich auch die Ansprüche an die Lernprozesse der Kinder markiert. Hier müssen Kriterien gefunden werden, die einzuschätzen helfen, ob eine Aufgabenstellung diesen Ansprüchen gerecht werden kann.

Bezogen auf Lernszenarien zum Texteverfassen könnte man z. B. fünf Prinzipien formulieren, die einem solchen Anspruch zu genügen scheinen (vgl. Hennies/Ritter 2014).

5 Prinzipien

1) *Prinzip Ko-Konstruktivität:* Schreibprozesse gehen von einem gemeinsamen Prozess der Annäherung an eine Schreibherausforderung aus. Im oben genannten Beispiel des Schreibens zu N. Scott Momadays Gedicht (vgl. Pauls und Lukas' Texte) z. B. erkundeten die Schüler*innen die Gedichtzeilen, sie formulierten Vermutungen über den Autor und sie entwickelten mündlich Ideen für eigene Textzeilen. Dadurch entstand ein produktiver Erprobungsspielraum, von dem sich alle anwesenden Kinder anregen lassen konnten, bevor sie eigene Gedichte verfassen sollten.
2) *Prinzip Herausforderung:* Dabei sollte die mit der Schreibanforderung verbundene sprachliche Gestaltung für die Kinder einen herausfordernden Charakter haben. Es sollten thematisch anregende Texte sein, die die Kinder betreffen und interessieren und die Möglichkeit bieten, einen persönlichen Bezug zu entwickeln. Im Falle des oben beschriebenen Beispiels hatten die geheimnisvollen Naturverse von N. Scott Momaday eine große Faszination auf die Kinder ausgeübt, die als Basis für das Einlassen auf die Schreibsituation dienen konnte. Dies wurde durch die unterrichtliche Einführung des Themas, in der das Gedicht als geheimnisvoller Gegenstand fungierte, noch unterstützt. Der Unterricht profitiert immer auch von der Inszenierung des Lernens.
3) *Prinzip Exploration:* Das Schreiben an sich sollte keine Reproduktion eines bereits in der Vorstellung der Lehrer*in ausgearbeiteten Textes sein. Kinder sollten beim Schreiben und bei ihrer Präsentation von Texten erkennen können, dass die sprachliche Bewältigung einer Aufgabe auch ein individuelles Unterfangen ist, bei dem alle Schreibenden zu unterschiedlichen Ergebnissen kommen und das eigene Produkt eine Einzigartigkeit zeigt. Bei den zu schreibenden Ich-bin-Gedichten im oben genannten Beispiel ist das gut nachvollziehbar, denn alle Kinder verfassen einen eigenen Text und lösen die Anforderung durch den Schreibauftrag auf eine individuelle Weise.
4) *Prinzip Adaptivität:* Dass das Textschreiben ein komplexer Vorgang ist, sollte deutlich geworden sein (vgl. Kap. 4). Dennoch kann der Anspruch einer Schreibaufgabe in sich stark variie-

ren. Lukas' Beispiel zeigt, dass es ihm gelingt, eigene metaphorische Bezüge herzustellen. Andere Kinder verfassten sehr viel konkretere Gedichte, die eher einer unmittelbareren Selbstbeschreibung ähneln, wie der dreizehnjährige Denis im folgenden Text. Denis diktierte seinen Text einem Integrationshelfer und erreichte damit am Ende ein Ergebnis, das jedoch viel konkreter auf Denis' Alltagserfahrungen Bezug nimmt.

Ich
Ich bin ein amerikanischer Rapper.
Ich rappe deutsch und englisch.
Ich rappe immer zuhause.
Ich möchte gerne auf einer Bühne rappen.

Denis (13 Jahre, Förderschwerpunkt Geistige Entwicklung)

5) *Prinzip Flexible Elaborierbarkeit:* Nicht nur der Zugang zum Gegenstand sollte dabei variabel sein, auch die Komplexität, mit der der Gegenstand bearbeitet werden kann. So ist es bei dem beschriebenen Beispiel möglich, einen kurzen oder einen längeren Text zu verfassen, sich auf eine Aneinanderreihung von Ich-bin-Gedichten zu beschränken oder das Muster auch zu variieren – wie das bei Denis der Fall ist. So können Texte ganz unterschiedlichen Umfangs und mit unterschiedlichen sprachlichen Ansprüchen entstehen. Denkbar wäre auch, dass die Aufgabe durch ein bildnerisches Gestalten bewältigt wird, zum dem dann eine mündliche Präsentation erfolgt.

In nach solchen Prinzipien gestalteten Schreibarrangements können Kinder ganz unterschiedlicher schriftsprachlicher Entwicklung und Erfahrungen an gemeinsamen Themen lernen. Gleichzeitig lassen sie Gestaltungsspielräume, die gemeinsamen Lernarrangements individuell auszubuchstabieren. So soll das Lernen in Vielfalt und gleichzeitiger Gemeinsamkeit realisiert werden, um zu vermeiden, dass jedes Kind an einem eigenen Lernmaterial vereinzelt lernt.

Mehrsprachigkeit

Kein pauschaler Risikofaktor

In den letzten Jahren sind im Zuge der gesellschaftlichen Diskussion um die Migration in Deutschland auch die aus diesen Entwicklungen resultierenden Herausforderungen für die Schule in den Blick gerückt. Auch hier handelt es sich um ein Thema, das bereits viel älter ist und seit Mitte des 20. Jahrhunderts im Zuge des Fachkräftemangels und des Gastarbeiterzuzugs nach Deutschland bereits faktisch in den Schulen Einzug gehalten hat. Die wissenschaftliche Diskussion dazu hat sich in den letzten Jahren intensiviert, was auch damit zusammenhängt, dass die Folgen nicht adäquater Bildung im Zuge der großen Leistungsvergleichsstudien wie PISA in großer Breite erst ab dem Jahr 2000 ins öffentliche Bewusstsein gelangten. Dabei kam es zu einer folgenschweren Fehlinterpretation der Ergebnisse. Tatsächlich wurde festgestellt, dass besonders häufig Kinder mit nichtdeutscher Herkunftssprache in den unteren Leistungsbereichen zu finden sind, dass viele dieser Kinder also Probleme mit den in der Schule an sie gestellten Anforderungen entwickeln. Daraus leitete sich der Trugschluss ab, Migration und Mehrsprachigkeit seien pauschale Risikofaktoren für die schulische Leistungsfähigkeit (vgl. kritisch dazu Bos et al. 2012, 18).

3 Beispiele

Dass eine differenziertere Sicht auf das Thema nötig ist, zeigen die drei folgenden (realen) Beispiele aus einer Grundschulklasse:

a) Elenas Eltern sind italienischstämmig und leben seit vielen Jahren in Deutschland. Elena selbst ist zweisprachig aufgewachsen und regelmäßig in Italien bei ihren Großeltern. Mit ihren Eltern, einem Akademikerehepaar, lebt sie aber in Deutschland. Sie spricht akzentfrei Deutsch und zeigt in der Schule ein großes Selbstbewusstsein; dazu berichtet sie gern von ihrer italienischen Herkunft, die fest zu ihrer Identität gehört. Am Schulanfang ist sie eine der ersten Schüler*innen der Klasse, die das phonologische Prinzip der Schriftsprache durchschaut und mit Hilfe einer Anlauttabelle eigene Wörter und kurze Texte verschriftet. Aufgrund ihrer doppelten Spracherwerbsbiografie hat sie schon vor der Schule über die Differenz verschiedener Sprachen und ihrer Gestalt nachzudenken gelernt und Sprachbewusstsein entwickelt. Damit hat sie einen nicht unerheblichen Entwicklungsvorsprung, der ihr beim Schriftspracherwerb zugute kommt.

b) Aliki ist wie Elena auch in Deutschland geboren, als Sohn einer Deutschen und eines in Deutschland lebenden Griechen. Die Eltern sind oft arbeitslos und verfügen beide lediglich über geringe Bildungsressourcen. Aliki spricht fließend Deutsch und gebrochen Griechisch. In der Schule hat er mit der Sprache allerdings erhebliche Probleme. Während er im mündlichen Medium souverän agiert, tut er sich mit Schriftsprache in allen Facetten schwer. Erschwerend kommt hinzu, dass er der Auffassung ist, das wäre ein *typisch griechisches* Phänomen. Offenkundig projiziert er das niedrige Bildungsinteresse des Vaters auf seine kulturelle Identität. Damit stabilisiert er das Desinteresse an der Schule als vermeintlich adäquates Verhalten.

c) Suhejla ist nach den Herbstferien des ersten Schuljahres zur Lerngruppe von Elena und Aliki gestoßen. Ihre Familie ist jüngst aus dem Kosovo nach Deutschland gekommen. Weder die Eltern noch Suhejla sprechen zum Zeitpunkt der Ankunft auch nur ansatzweise Deutsch. Suhejla hat zunächst erhebliche Schwierigkeiten, sich im Schulalltag zu orientieren. Sie erhält zusätzliche Sprachförderung, die zuerst einmal auf die ganz praktischen Fragen des Alltages gerichtet ist. Erstes Ziel ist, dass Suhejla ihre Umwelt auch sprachlich erschließt und sich zunehmend selbstständig darin bewegen kann.

Verschiedene Lernbaustellen

Die drei Beispiele zeigen, dass Schüler*innen mit einer Migrationsgeschichte in sich eine wiederum gänzlich heterogene Gruppe darstellen. Weder kann man davon sprechen, dass sie pauschal im Schulsystem benachteiligt werden, noch davon, dass sie wegen ihres Migrationsstatus' Probleme mit den schulischen Anforderungen, insbesondere der Sprachbildung, hätten. Es ist sogar so, dass manche Kinder wie Elena gerade wegen ihrer erfolgreichen zweisprachigen Entwicklung besondere Vorteile bei der Entwicklung sprachanalytischer Fähigkeiten zeigen. Kinder wie Aliki scheinen nicht am mündlichen Sprachgebrauch, sondern an der konzeptionell schriftlichen Bildungssprache zu scheitern. Das hängt aber weniger mit dem Migrationsstatus, als mit dem geringen Bildungsniveau und -interesse der Eltern zusammen und ist damit kaum auf Migration als auf Milieuzugehörigkeit zurückzuführen. Verstärkt wird es im Falle von Aliki dadurch, dass er missverständlicherweise die milieuspezifischen Verhaltensweisen mit einer herkunftsbezogenen Identität gleichsetzt und seine Selbstwahrnehmung als Fremdkörper im deutschen Schulsystem als spezifischen Identitätskern seiner Herkunft aufwertet. Suhejla hingegen fehlt anfangs tatsächlich migrationsbedingt der Zugang zur deutschen Sprache.

Es ist also wichtig, genau zu unterscheiden, wie die Mehrsprachigkeit der Schüler*innen zum Thema wird und mit welchen anderen Phänomenen das Thema im Zusammenhang steht. Während es im Falle von Suhejla um die Logik eines Zweitsprachenerwerbs und das sprachliche Lernen in Bezug auf interkulturelle Verständigung geht, steht bei Aliki viel stärker die Anbahnung konzeptionell schriftlicher Fähigkeiten (vgl. Kap. 2) im Mittelpunkt.

Entsprechend gibt es auch verschiedene pädagogische und didaktische Perspektiven, die man auf das Phänomen *Mehrsprachigkeit* entwickeln kann. Nur beispielhaft sollen hier drei Konzepte der Sprachbildung benannt werden (vgl. Jeuk 2015, 109 ff.; Wildemann 2015, 185 ff.):

Systematischer Fremdsprachenerwerb

a) Deutsch als Fremdsprache (DaF): Der Erwerb einer Fremdsprache richtet sich an Menschen, die in einem anderssprachigen Umfeld leben. Das beste Beispiel dafür ist der Fremdsprachenunterricht in der Schule. Die Aneignung der neuen Sprache hat eher eine Zukunftsbedeutung, weil später mit Hilfe dieser Sprache berufs-

oder freizeitbezogene Aktivitäten bewältigt werden sollen. Dadurch bleibt die Fremdsprache aber im Rahmen der schulischen Erwerbssituation eher distanziert. Das Vorgehen der Fremdsprachendidaktik folgt dabei einer sinnvollen Lehrgangssystematik, die sich primär an der Sprachsystematik der Fremdsprache orientiert. Kontakt zur Fremdsprache haben die Lernenden vorerst vor allen Dingen im Rahmen des Fremdsprachenunterrichts selbst.

Unterstützte Alltagsbewältigung

b) Deutsch als Zweitsprache (DaZ): Hierbei handelt es sich um einen Sprachunterricht, der in einem tatsächlich deutschsprachigen Umfeld geschieht. Anders als im Fremdsprachenunterricht leben Zweitsprachenlernende[62] bereits im entsprechenden sprachlichen Umfeld, das sie sprachlich aber erst durchdringen müssen. Dadurch gewinnt die Spracherwerbssituation eine hohe Gegenwartsbedeutung. DaZ hat die primäre Aufgabe, die Lernenden schnell zur Partizipation am öffentlichen Leben und an weiterführenden Bildungsangeboten zu befähigen. Daher steht oft statt einer sprachsystematischen Lehrgangslogik eher die Bewältigung von Alltagsproblemen im Mittelpunkt des Unterrichts. Gleichzeitig kann auf systematische Formen der Vermittlung natürlich nicht verzichtet werden. Hinzu kommt aber auch noch, dass die Lernenden auch außerhalb des DaZ-Unterrichts mit der zu erwerbenden Zweitsprache konfrontiert werden. Der Spracherwerb findet also außerhalb des Unterrichts in konkreten Situationen (z. B. beim Einkaufen) und innerhalb des Unterrichts unter mehr oder weniger systematischer Anleitung und Vermittlung statt. Der DaZ-Unterricht hat damit eine den ohnehin stattfindenden Spracherwerb eher unterstützende Funktion.

Sensibilisierung für Sprachenvielfalt

c) Mehrsprachigkeitsdidaktik: Während DaF und DaZ sich vor allem an Lernende richten, die eine konkrete Sprache erlernen sollen, geht die Mehrsprachigkeitsdidaktik davon aus, dass alle Lernenden einer Lerngruppe von einem Umgang mit verschiedenen Sprache profitieren. Nach dieser Vorstellung sind Kinder mit anderer Herkunftssprache keine (sprachlich) zu integrierende Sondergruppe, sondern bringen mit ihrem zusätzlichen Sprachkönnen Ressourcen in den Unterricht, die allen Kindern zugute kommen können. Die zunehmende gesellschaftliche Mehrsprachigkeit soll so auch in der Schule berücksichtigt werden und den Spracherwerb aller Kinder unterstützen. Der Unterricht findet dabei in der Regel in deutscher Sprache statt, bezieht aber andere Sprachen

62 Problematisch ist an dem Begriff, dass viele Menschen mit Fluchterfahrungen in Deutschland eher schon eine Dritt- oder Viertsprache lernen, da sie bereits auf ihrer Flucht mit verschiedenen Sprachen konfrontiert wurden. Daher wird oft statt von Zweitsprache von Zielsprache gesprochen. Auch der Begriff ist allerdings nicht unumstritten, da er suggeriert, die Zielsprache würde im Hinblick auf die Herkunftssprache eine stärkere Bedeutung erlangen.

systematisch mit ein; z. B. durch multilinguale Wortschatzarbeit beim Anlegen mehrsprachiger Schriftdokumente (Beschriftungen im Klassenraum, Wörterbücher, Liederbücher, etc.) und Sprachvergleiche (Vergleichen von Wörtern oder Wendungen verschiedener Sprachen). Der Umgang mit verschiedenen Sprachen soll dabei nicht nur allen Kindern erweiterte sprachliche Möglichkeiten eröffnen und erste Grundlagen für fremdsprachliche Kompetenzen legen, er sensibilisiert auch für kulturelle Differenzen und macht die Besonderheiten von Sprachen sichtbar. Das kann auch den Blick auf die Herkunftssprachen verändern und damit die Sprachbewusstheit stärken, wovon Kinder mit deutscher Herkunftssprache ebenfalls maßgeblich profitieren können.

Herkunftssprache

Während die Zweitsprachendidaktik ganz klar auf die zu erlernende Verkehrssprache der Umwelt ausgerichtet ist und damit dieser Sprache aus ganz praktischen Gründen eine starke Dominanz zuspricht, richtet sich die Mehrsprachigkeitsdidaktik eher auf die sprachliche Vielfalt und Diversität, die das gesellschaftliche Leben im 21. Jahrhundert zunehmend prägt. Damit verbunden ist auch ein veränderter Umgang mit den Herkunftssprachen. Aus der Zweitspracherwerbsforschung weiß man heute, dass Erst- und Zweitsprachenerwerb eng miteinander verbunden sind. Und für die erfolgreiche Entwicklung einer Zweitsprache ist es auch wichtig, dass sich die Erstsprache weiterentwickeln kann (vgl. Rösch 2003, 18 f.). So ist es beispielsweise nicht sinnvoll, dass Familien in einem neuen sprachlichen Umfeld die eigenen sprachlichen Wurzeln möglichst umfassend überwinden. Viel wichtiger scheint es zu sein, dass die Kinder, die bereits begonnen haben, eine nichtdeutsche Herkunftssprache zu erwerben, in beiden Sprachen eine erfolgreiche Sprachentwicklung zeigen.[63]

Sprachsensibler, interkultureller Deutschunterricht

Sehr anschaulich bringt Stefan Jeuk wichtige Handlungsfelder und didaktische Prinzipien in einem Modell für den sprachsensiblen, interkulturellen Deutschunterricht in eine Übersicht (Abb. 22). Deutlich wird, dass die Förderung von Kindern in mehrsprachigen Kontexten neben einer gezielten und an den Lernentwicklungsbesonderheiten der einzelnen Kinder ausgerichteten Förderung des Spracherwerbs auch soziale und kulturelle Bedingungen des Aufwachsens berücksichtigen sollte. Der Zweitspracherwerb sollte gerade Kinder nichtdeutscher Herkunft nicht als Fremde in einer anzueignenden Kultur adressieren, sondern die damit einhergehende Vielfalt in den verschiedenen sprachlichen und kulturellen Sozialisationserfahrungen zum Ausgangspunkt für eine gegenseitige Wertschätzung machen.

---

63 Das Verhältnis von Erst- bzw. Herkunftssprache (L1) und Zweitsprache (L2) ist hochkomplex. Wie L1 und L2 zusammenwirken, hängt davon ab, wann der L2-Erwerb einsetzt und auch, wie L1 und L2 sich strukturell ähneln oder unterscheiden (vgl. Jeuk 2015, 26 ff.).

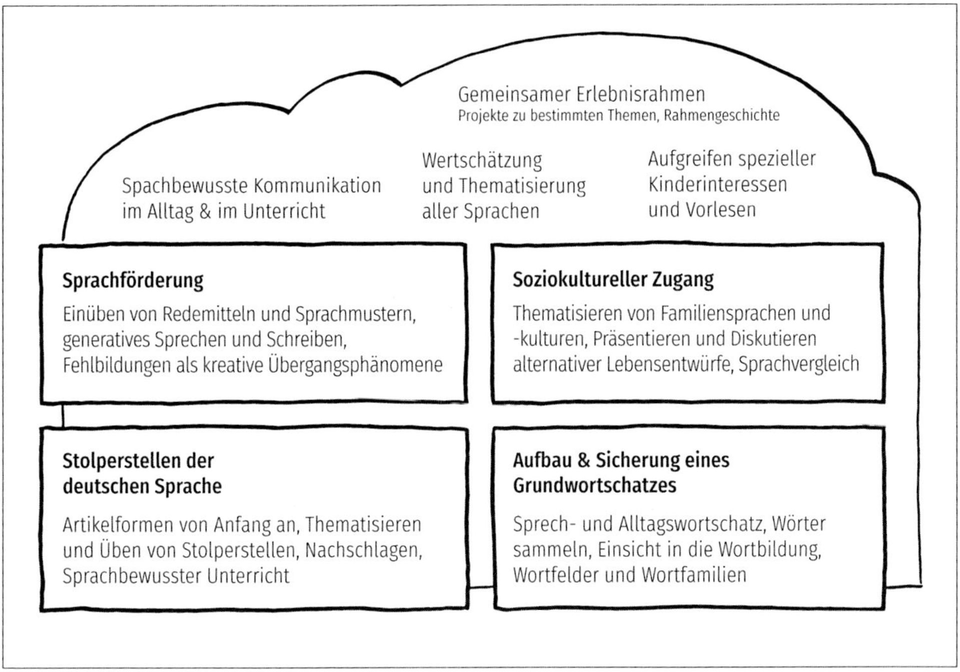

Abb. 22: Die vier Säulen des sprachsensiblen, interkulturellen Deutschunterrichts (nach Jeuk 2014, 7)

Medien im Deutschunterricht

Kontroverse Medienbildung

Auch die Medienbildung ist ein aktuell viel diskutiertes Feld der Deutschdidaktik. Besonders anschaulich stellt das eine aktuelle Debatte in der Zeitschrift des Deutschen Germanistenverbandes heraus. Dort äußern sich die Deutschdidaktiker*innen Tabea Becker, Mattis Kepser, Julia Knopf und Michael Rödel über den aktuellen Stand der Diskussion zum Thema (2019, 85 ff.). Deutlich werden dabei ganz unterschiedliche Haltungen: Die Digitalisierung in allen Bereichen der Gesellschaft ist eine Realität, der sich die schulische Bildung nicht verschließen kann. Die Schule im Allgemeinen und der Deutschunterricht im Speziellen, aber auch die Deutschdidaktik scheinen in der Praxis Nachholbedarf bei der Verwendung von Medien zu haben. Zwar stehen mittlerweile viele digitalisierte Lernmittel zur Verfügung, Konzepte digitalen Lernens sind aber eher die Seltenheit. Weiterhin besteht Skepsis, ob digitalisierte Lernumgebungen tatsächlich eine Verbesserung der Lernerfolge erzielen können und auch die Gefahren der digitalen Welt können nicht ausgeblendet werden. Beispielhaft sind damit die wichtigsten Zugänge zum Thema umrissen. Gleichzeitig erhöht sich der bildungspolitische Druck, die Lernumgebungen durch Medien zunehmend den Lebens- und Sozialisationsbedingungen von Lernenden anzupassen.

Unbestritten ist, dass der Alltag von Menschen sich unter den Bedingungen der Digitalisierung radikal verändert hat. Kinder wachsen heute ganz selbstverständlich mit Computern und mobilen Kommunikationsgeräten wie Smartphones und Tablets auf, viele besitzen sogar bereits im Grundschulalter eigene Geräte mit Zugang zum Internet. Während angesichts der zunehmenden Verbreitung audiovisueller Mediengeräte wie dem Fernseher im ausgehenden 20. Jahrhundert noch das Ende der Schriftkultur vorhergesagt wurde (vgl. Postman 1983), ist die digitale Welt heute maßgeblich schriftsprachlich strukturiert. Nie war Schrift im Alltag von Menschen so präsent und unumgänglich. So hat sich wieder einmal bestätigt, dass neue Medienformen die bestehenden Medienwelten nicht verdrängen, sondern erweitern und ergänzen. Dabei verändert sich der Schriftgebrauch jedoch erheblich. Das können drei Beispiele zeigen:

Veränderter Schriftgebrauch

a) **Texte im Internet** folgen einer anderen Strukturlogik als Texte im analogen Medium auf Papier. Das beginnt schon mit der Strukturierung auf dem Datenträger. Während Printmedien in der Regel von oben links nach unten rechts gelesen werden, weisen Internetseiten in der Regel einen Menürahmen auf. So kommt es, dass der Haupttext einer Netzseite eher in der Mitte der Seite zu finden ist, die zentralen Informationen und der Textanfang sind nicht unbedingt links oben. Hinzu kommt, dass Internettexte nicht zwingend lineare Texte sind. Mit Links versehen gibt es vielfältige Möglichkeiten, verschiedene Texte miteinander zu verknüpfen. So kann es z. B. vorkommen, dass ein Netztext nicht von vorn nach hinten gelesen wird, sondern im Verlauf der Lektüre auf einen Link im Text geklickt und einem Begriff aus dem ersten Text in einem zweiten Text auf einer anderen Netzseite nachgegangen wird. Auch die Modalität des Textes verändert sich. Neben Schrifttexten und Bildern können auch Audio- und Videoinformationen, interaktive Elemente wie Meinungsabfragen etc. in den Text eingebunden werden. Informationen im Netz sind leichter und schneller zugänglich, gleichzeitig steigt die Notwendigkeit, die Informationsgüte genau zu prüfen und die Aussagekraft der Informationen einzuschätzen. Das Internet erhöht die Partizipation der Einzelnen an der weltweiten Vernetzung, erhöht aber auch die Verantwortung beim Zugang und Umgang mit Informationen.

b) Kurznachrichtendienste und soziale Netzwerke haben die Kommunikation von Menschen grundlegend verändert. Auch sprachlich ist das ein interessantes Phänomen. Denn auch wenn die Zeichenzahl bei Kurznachrichten heute nicht mehr begrenzt ist, so zwingen diese Dienste doch zu einem knappen und reduzierten Sprachgebrauch. Gleichzeitig findet Kommunikation auf diesen Kanälen oft hochfrequent statt. Fast wie in einem mündlichen Gespräch können Nachrichten im Sekundentakt verschickt werden. Dadurch gewinnen die sprachlichen Nachrichten im Medium der Schrift eine typisch konzeptionell mündliche Charakteristik (vgl. Kap. 2). Kurznachrichten werden zu einem Übergangsmedium zwischen Mündlichkeit und Schriftlichkeit. Gleichzeitig ergänzen bildhafte Textzeichen wie Emojis und GIFs das Spektrum atmosphärischer Ausdrucksformen um nonverbale Elemente mit hoher Ausdruckskraft.

Digitale Kommunikation

c) Solche Veränderungen finden nicht nur im Bereich der Kommunikation und der Informationstexte statt. Auch literarische Angebote verändern sich in den digitalen Medien. Ein interessantes Beispiel dafür sind die sog. **Bilderbuch-Apps**; digitale Bild-Text-Erzählungen im App-Format. Diese Apps verarbeiten zum Teil bereits bestehende Texte oder Bilderbücher, oder aber sie werden speziell als digitale Bilderbücher gestaltet. Die klassische Aufteilung von Bild und Text bleibt dabei ähnlich wie im Bilderbuch. Ergänzt werden können diese beiden Ebenen z. B. durch Sprecher*innenstimmen, die den Text vorlesen, interaktive Spielelemente und bewegte Bilder. Die meisten Bilderbuch-Apps erzählen dabei in recht konventioneller Struktur ihre Geschichten in linearer Form. Andere Apps wie z. B. *Rotkäppchen* (Abb. 23) von Markus Dömer und Ed Bryan (2013) gestalten die Geschichte als Spielwelten, in denen nicht nur Aufträge erfüllt werden müssen, sondern auch Entscheidungen zu fällen sind, die Einfluss auf die Geschichte nehmen. Hier ist es z. B. so, dass das bekannte Märchen dahingehend verändert wird, dass Rotkäppchen auf dem Weg durch den Wald verschiedene Weggabelungen erreicht, so dass je nach Wahl ganz unterschiedliche Wege durch den Wald ermöglicht werden. Dort begegnet Rotkäppchen verschiedenen kuriosen Situationen, in denen es durch kleine Spiele nicht nur Blumen, sondern auch andere Gegenstände einsammelt. Je nachdem, welche Gegenstände gesammelt werden, kann dann auch der Wolf im Haus der Großmutter auf eine ganz spezielle, etwas überraschende und sehr humorvolle Weise besiegt werden. Hier wird eine bekannte Geschichte nicht nur interaktiv aufgewertet, die Handlung wird tatsächlich in einer Form verändert, die die Lektüre grundlegend beeinflusst.

Digitale Literatur

Abb. 23: Rotkäppchen steht vor einer musikalischen Aufgabe (Dömer/Bryan 2013)

Mit der Digitalisierung der Alltagswelt ändert sich auch der Gebrauch von Schrift, was wiederum zu veränderten didaktischen Konzepten der Deutschdidaktik führen muss. Hier steht die Fachdiskussion noch weitgehend am Anfang; auch weil bislang nur wenig darüber bekannt ist, wie sich die Leseanforderungen tatsächlich verändern. Zwar veröffentlichen gerade Schulbuchverlage in zunehmender Zahl digitale Lernmaterialien, deren Einsatz und ihr didaktisches Potenzial muss jedoch erst in einer angemessenen Begleitforschung erschlossen werden. Für die Deutschdidaktik besteht eine wichtige Herausforderung in der sinnvollen Integration der digitalen Medien in das bestehende Spektrum der Angebote des sprachlichen und literarischen Lernens unter Berücksichtigung des didaktischen Mehrwertes des digitalen Angebots.

Zum Weiterdenken

1) Sammeln Sie Bilder, die Kinder zur Lektüre von Kinderbüchern gemalt haben. Wie können Ihnen diese Bilder Informationen zur Lesefähigkeit der Kinder bieten? Was wird darin sichtbar?
2) Suchen Sie Unterrichtsvorschläge für einen inklusiven Deutschunterricht. Haben diese Vorschläge eher eine kompensatorische oder eine diversifizierende Ausrichtung? Unterstützen sie eher das gemeinsame oder das individuelle Lernen?
3) Beschriften Sie im Klassenraum wichtige Objekte wie Tafel, Tische, Stühle, Regale in allen Herkunftssprachen, die in Ihrer Lerngruppe vertreten sind. Vergleichen Sie die Bezeichnungen. Was fällt dabei auf?
4) Sollten in der Schule auch Kurse für das Tastaturschreiben vorgehalten werden? Welche Möglichkeiten könnten sich damit eröffnen? Diskutieren Sie diese Frage!

Zum Weiterlesen

Diagnostik:
Hurrelmann, Bettina (2002): Leseleistung – Lesekompetenz. Forderungen aus PISA, mit einem Plädoyer für ein didaktisches Konzept des Lesens als kultureller Praxis. In: Praxis Deutsch 29 (2002) H. 176, 6–18.

Inklusive Deutschdidaktik:
Naugk, Nadine/Ritter, Alexandra/Ritter, Michael/Zielinski, Sascha (2016): Deutschunterricht in der inklusiven Schule. Perspektiven und Beispiele. Weinheim [u. a.].

Mehrsprachigkeit:
Jeuk, Stefan (2015): Deutsch als Zweitsprache in der Schule. Grundlagen – Diagnose – Förderung. Stuttgart.

Medien:
Peschel, Markus/Irion, Thomas (Hrsg.)(2016):
Neue Medien in der Grundschule 2.0.
Grundlagen – Konzepte – Perspektiven. Frankfurt/Main.

Ein essayistischer Diskussionsbeitrag

Gefühltes Wissen und alternative Fakten

Die Lehrgänge des Schriftspracherwerbs

Verschiedene Weltsichten

Beim allabendlichen Blick auf die Homepage der Tagesschau schrecken mich zwei Berichte auf. Im ersten ist zu lesen, dass – wäre am Sonntag Bundestagswahl – eine rechtspopulistische Partei wohl zweitstärkste Kraft in Deutschland würde.[64] Tief scheint die Verunsicherung in der Bevölkerung, die angesichts sich vollziehender gesellschaftlicher und globaler Wandlungsprozesse Halt und Orientierung zu verlieren glaubt. Die Unzufriedenheit hat Ursachen, die Angst vor kulturellem Identitätsverlust, die steigende Kriminalität, die Gefahr des aufkommenden Terrorismus, der drohende Umweltkollaps – wir leben in einer gefährlichen Zeit mit ungewisser Zukunft. Attraktiv scheinen hier klare Stimmen und einfache Lösungen, die das Vergangene beschwören, die Zeiten, als vieles noch besser war; und Feindbilder, die leicht zu identifizieren sind und vom eigenen Unvermögen ablenken.

Nur zwei Artikel weiter bietet die Tagesschau ein ganz anderes Weltbild an. Unter dem Titel *Nackte Zahlen gegen die gefühlte Wahrheit* berichtet die WDR-Korrespondentin Antraud Cordes-Strehle von einer Arbeit des Soziologen Martin Schröder, der auf Basis einer weitreichenden Auswertung aktueller Studiendaten feststellt, dass das Leben in der Gegenwart im Vergleich zur Vergangenheit eher positive Trends aufweist: So sei die globale Armut zurückgedrängt worden, das Risiko, Opfer eines Kriegs zu werden, sei seit den 1950er-Jahren um 90 % gesunken und – besonders beeindruckend – das Fliegen sei heute 1800 mal sicherer als noch vor 80 Jahren. Familien verbrächten mehr Zeit miteinander, trotz gestiegener Erwerbstätigkeit, und auch die Zufriedenheit der Deutschen sei überdurchschnittlich hoch. Die Meisten beurteilten ihre Lage positiv und optimistisch.[65]

---

64 https://www.tagesschau.de/inland/deutschlandtrend-1381.html (21.09.2018)

65 https://www.tagesschau.de/inland/statistik-gute-nachrichten-101.html (21.09.2018)

Kinder und Jugendliche als Opfer der Gesellschaft

Düstere Befunde ...

Solche Widersprüche sind nicht einzigartig. Im wohl zukunfts- und verkaufsträchtigsten Sektor der Gesellschaft, der Kindheit und Jugend, gibt es seit langem viele Sorgen. Nicht nur, dass es zu wenige Kinder gibt, diese sind im Schnitt auch zu dick und unsportlich,[66] verhaltensauffällig,[67] sie werden in den Familien vernachlässigt[68] und in der Schule nicht angemessen gefördert, gerade die leistungsstarken Kinder.[69] Diese Befunde, die noch beliebig um weitere düstere Beobachtungen ergänzt werden könnten – häufig vorgetragen von selbsternannten und hochdotierten Bildungsexperten mit Starcharakter[70] – stehen im krassen Widerspruch zur messbaren gesellschaftlichen Wirklichkeit, so das Fazit des Frankfurter Psychologen und Soziologen Martin Dornes. In seinem 2012 erschienen Buch *Die Modernisierung der Seele* (Dornes 2012)[71] arbeitet er sich systematisch durch die Kinder- und Jugendstudien der letzten Jahrzehnte und kommt zu dem Ergebnis:

Noch nie wuchsen Kinder und Jugendliche in Deutschland so sicher und umsorgt, gesund und zufrieden, gebildet und wohlhabend auf wie heute. Eltern erziehen kindgerechter und zugewandter als Mütter und Väter in früheren Zeiten. Nie war es einfacher, eine Familie zu gründen, in der jeder gute Chancen hat, glücklich zu werden. ‚Generation ADHS', ‚Generation Porno', ‚Generation Stress' – alles Schlagwörter fern der Realität.[72]

... und Widerspruch

Auf über 500 Seiten zeichnet er ein Bild, das so gar nicht mit der gefühlten und vermeintlich auch beobachtbaren Wirklichkeit unserer Gesellschaft zusammenzupassen scheint – und bei näherer Betrachtung doch zu überzeugen vermag.

Ein Nebenbefund von Martin Dornes hingegen ist bei näherer Betrachtung von besonderem Interesse: So zitiert er eine Metastudie von Udo Undeutsch aus dem Jahr 1966, die unter dem markanten Titel *Die psychische Entwicklung der heutigen Jugend* (1966) mit Blick auf eben jene jungen Mitbürger*innen den Zeitraum von 1910 bis 1965 in den Blick nimmt und resümiert, dass in Westdeutschland[73]

66 http://www.spiegel.de/gesundheit/schwangerschaft/uebergewicht-124-millionen-kinder-sind-extrem-dick-weltweite-studie-a-1172198.html (21.09.2018)

67 https://www.welt.de/politik/deutschland/article176300826/Verhaltensauffaellig-Ueberforderte-Eltern-schwierige-Kinder-die-Erziehungsmisere.html (21.09.2018)

68 https://www.familie.de/kind/jedes-dritte-kind-fuehlt-sich-vernachlaessigt-1141549.html (21.09.2018)

69 https://www.welt.de/print/die_welt/politik/article159830540/Fuer-gute-Schueler-hat-in-Deutschland-niemand-Zeit.html (21.09.2018)

70 Z. B. Gerald Hüther (Neurowissenschaftler), Jesper Juul (Familientherapeut), Richard David Precht (Philosoph), Michael Winterhoff (Kinder- und Jugendpsychiater)

71 Zusammenfassend auch Martin Spiewak: https://www.zeit.de/2014/38/kindheit-deutschland-erziehung (21.09.2018)

72 https://www.zeit.de/2014/38/kindheit-deutschland-erziehung (21.09.2018)

73 Es ist davon auszugehen, dass diese Entwicklungen analog auch auf die DDR zu übertragen sind.

insbesondere nach dem Zweiten Weltkrieg die pessimistischen Stimmen in der öffentlichen Meinung überwogen. [...] Vier Themen waren damals vorherrschend: Das Absinken der intellektuellen Leistungsfähigkeit, die Lektüre von ‚Schundliteratur', die sexuelle Verwahrlosung und das Verhältnis zu Arbeit, Recht und Werten. (Dornes 2012, 421)

Fast deckungsgleich scheint das mit den heutigen Problemen; nur dass die „Schundliteratur" der damaligen Zeit durch die digitalen Medien ersetzt wurde und das Lesen zum Genuss sich mittlerweile einer verblüffenden Hochachtung erfreut – gestützt durch weitreichende Kampagnen und pädagogische Programme der Leseanimation und -förderung.[74] Und auffällig ist, dass die vergangenen Zeiten, die uns heute in mancherlei Hinsicht die besseren scheinen, es den damaligen Menschen wenigstens gefühlt nicht waren. Aber auch damals galt: „In keinem der Bereiche konnten die zwischen 1945 und 1965 reichlich zirkulierenden Verfallsdiagnosen bestätigt werden." (Ebd.) Gefühlte und reale Wirklichkeit klafften schon damals erheblich auseinander und das befürchtete *Ende der abendländischen Kulturtradition* lässt bis heute auf sich warten.

Die Schriftsprache als Bildungsindikator – Verfall einer Kulturtechnik?

Verfall der Schriftkultur

Über eine dieser Verfallsdiagnosen berichtet DER SPIEGEL[75] in Ausgabe 8 des Jahres 1953. Anlass waren auch damals schon vielfältig vorgebrachte Klagen der Industrie- und Handelskammern über die schulischen Leistungen von Schulabgänger*innen. So stellte man fest, dass ein drastischer Rückgang geeigneter Bewerber*innen zu verzeichnen sei. „Aachen: ‚15 Prozent der Lehrlinge wurden nach der schriftlichen Prüfung ausgeschlossen wegen ungenügender Leistungen in Schreiben und Rechnen.' [...] Mannheim: ‚Es versagten 50 Prozent; Untersuchungen ergaben, daß die Jugendlichen durchweg die deutsche Sprache und besonders die Rechtschreibung zu wenig beherrschten.'" (Ebd.) Aufgestört von solchen Berichten wagte der Industrie- und Handelskammerreferent Dr. Stemme eine vergleichende empirische Überprüfung der Schulabgänger*innen der Volksschule in Form eines – aus seiner Sicht vermeintlich leichten – Diktats. Nach der Auswertung von 3200 Diktaten aus dem Raum Bielefeld kommt er zu einem vernichtenden Ergebnis: „Ich glaube, am Aufbau unserer Schulen ist etwas falsch." (Ebd.) Statt der erwarteten durchschnittlich fünf Fehler lag die Quote erheblich höher.

---

74 http://www.faz.net/aktuell/feuilleton/hoch-schule/schulische-defizite-so-geht-lesefoerderung-15638153.html (22.09.2018)

75 DER SPIEGEL 8/1953; http://www.spiegel.de/spiegel/print/d-25655854.html (21.09.2018)

Angesichts der befremdlichen Orthographie (die Vereinigten Starten von Americka, internatjonal, die fridliche ferständigung) ging den Korrektoren auf, daß es in diesem Diktat praktisch kein Wort gab, das die entlassenen Volksschüler nicht hätten falsch schreiben können.

(Ebd.)

Begabungsschwund?

Die zitierten Schreibproben kommen bekannt vor, gleichen sie doch Beispielen, die heute für das Scheitern des Schriftspracherwerbskonzepts *Lesen durch Schreiben*, auch gern – fachlich völlig irreführend – bezeichnet als *Schreiben nach Gehör*, angeführt werden. Nur dass Jürgen Reichen – der *Entwickler und Autor* des Konzepts – 1953 gerade einmal 14 Jahre alt und vielleicht selbst Volksschulabsolvent war; wenn auch im Schweizer Kanton Basel. Erst 1981 beginnt er, das von ihm aus reformpädagogischen Ansätzen abgeleitete Lernprinzip öffentlich zu propagieren und bricht sowohl in der Fachwelt als auch in der Öffentlichkeit intensive Diskussionen vom Zaun. Demgemäß muss der Schuldige für die Negativentwicklung zu Beginn der 1950er-Jahre an anderer Stelle gesucht werden. Interpretationsvorschläge bietet der Aufsatz einige, unter anderem den Hinweis des Münchner Psychologie-Professors Huth, der nach intensiver Forschung festgestellt zu haben meint, „daß die Jugendlichen in den letzten zwanzig Jahren einen ‚Begabungsschwund' von 30 Prozent erlitten haben. [...] Praktisch führe das dazu, bestätigte Psychologe Huth der meuternden Industrie, daß der von der Schule entlassene 14- bis 15-Jährige in der Mehrzahl der Fälle nicht reif zur Lehrstellenvermittlung sei." (Ebd.)

Die goldenen Zeiten liegen also doch weiter zurück, offensichtlich in den 1930er-Jahren und davor, so jedenfalls könnte die unbedarfte Leser*in hier meinen. Zweifel daran hegen ähnlich gelagerte Aussagen aus eben dieser Zeit. So zitiert Karlheinz Ingenkamp in seinem 1967 erschienen Fachbuch *Schulleistungen – damals und heute* die Industrie- und Handelskammer Saarbrücken mit einer Aussage aus dem Jahr 1938:

Nach einmütiger Auffassung der Prüfungsämter und Prüfungsausschüsse sind die naturgemäß in erster Linie von der Volksschule zu vermittelnden Elementarkenntnisse der Prüflinge in Deutsch und Rechnen im allgemeinen wenig befriedigend, zum Teil sogar ausgesprochen mangelhaft. In dem Elementarfach Deutsch findet dies – wie die schriftlichen Arbeiten zeigen – vor allem seinen Ausdruck in dem schwer lesbaren Schriftbild, in der Ausdrucksform und in der oft bodenlosen Orthographie. Interpunktion scheint es für einen erheblichen Prozentsatz der Prüflinge überhaupt nicht zu geben. In dem Elementarfach Rechnen liegen die Verhältnisse nicht besser.

(zit. n. Ingenkamp 1967, 17)

Glaubt man diesen – ja auch wenigstens erfahrungsempirisch begründeten – Befunden, erscheinen die Ergebnisse zum Leistungsverfall und Begabungsverlust der 1950er-Jahre zweifelhaft. Viel eher drängen sich verschiedene andere Vermutungen auf.

Dauerbrenner Rechtschreibproblem

Die ja überhaupt erst seit 1901 einheitlich geregelte und seitdem aus Unzufriedenheit immer wieder revidierte *Deutsche Rechtschreibung* wird 1) seit Jahr und Tag als Überforderung einer nicht unerheblichen Schüler*innengruppe empfunden und 2) als Indikator für einen allgemeinen Leistungsverfall in der Schule herangezogen. Der Verweis auf frühere, bessere Zeiten kann einer Überprüfung nicht standhalten, sondern gehört mit großer Wahrscheinlichkeit in den Bereich des – durchaus typisch menschlichen – Nostalgieempfindens. Dass früher alles oder wenigstens vieles besser war und die nachwachsende Generation den eigenen Ansprüchen nicht mehr genügen kann, ist eine argumentative Figur, die es so lange gibt, wie Kultur existiert. So wussten schon die Sumerer vor über 5000 Jahren:

Die Jugend achtet das Alter nicht mehr, zeigt bewusst ein ungepflegtes Aussehen, sinnt auf Umsturz, zeigt keine Lernbereitschaft und ist ablehnend gegen übernommene Werte.[76]

Fast identisch stellt die Deutsche Industrie- und Handelskammer 2014 fest:

Auszubildende – faul, ohne Disziplin, kein Interesse. Jedes zweite Unternehmen klagt über mangelnde Disziplin und Belastbarkeit sowie fehlende Leistungsbereitschaft und Motivation. Jedes dritte bemängelt die Umgangsformen der Bewerber.[77]

Der vermeintliche Verfall stellt sich also eher als Konstante einer typischen generational gelagerten Unzufriedenheit der Älteren mit den Jüngeren einer Gesellschaft heraus. Selbst wenn diese in der Sache mitunter auch berechtigt sein mag, so entspringt sie weniger einem Negativtrend, als einer Entwicklungs- und Abgrenzungslogik. Dass die Verfallsprognosen in der Regel haltlos sind, kann gerade am Beispiel des öffentlich immer wieder zentralen Themas der Entwicklung der Rechtschreibfähigkeiten von Kindern und Jugendlichen gezeigt werden: Entgegen aller öffentlichen Behauptungen und vermeintlich eindeutigen Befunde zeigt ein Überblick über die vergleichenden Forschungen der vergangenen Jahrzehnte, dass hier keine

---

76 http://www.bildungswissenschaftler.de/5000-jahre-kritik-an-jugendlichen-eine-sichere-konstante-in-der-gesellschaft-und-arbeitswelt/ (22.09.2018); auf dieser Homepage findet sich eine ganze Sammlung ähnlich lautender Zitate aus der gesamten Kulturgeschichte bis in die Gegenwart.

77 Zitiert nach einem Bericht der WELT vom 21.08.2014.

einseitig negativen Trends erkennbar sind (zum Überblick vgl. Brügelmann 2013).[78] Viel eher verändert sich die Leistungszusammensetzung an der Schule durch gesellschaftliche Entwicklungsprozesse wie Migration und Inklusion und auch aufgrund sich wandelnder Kommunikationsformen, die den Schriftgebrauch maßgeblich beeinflussen. Die Aneignung der Rechtschreibung an sich zeigt dabei recht konstante Ergebnisse, im Langzeitvergleich unterscheiden sich die Leistungen in diesem Bereich bei den 18–29-Jährigen kaum von dem der älteren Generationen (vgl. Grotlüschen/Riekmann 2012, 26).

Befund und Realität

Und noch etwas anderes fällt ins Auge: Die vermeintlich unzureichenden Rechtschreibfähigkeiten der 1953er Volksschulabsolvent*innen haben langfristig keine gravierenden negativen Auswirkungen auf die ökonomische und kulturelle Entwicklung der deutschen Gesellschaft gehabt. Viel mehr ist gerade diese Generation am Wirtschaftswunder der 1950er- und 60er-Jahre maßgeblich beteiligt und also wenigstens ökonomisch als ausgesprochen erfolgreich einzuschätzen. Bedenkt man, dass der Verfall der Rechtschreibleistungen damals (wie auch heute) als Indikator einer allgemein abfallenden Leistungsfähigkeit begriffen wurde, kann konstatiert werden, dass die damaligen Befunde keine einschränkenden Auswirkungen auf die Lebensleistung der Betroffenen und die ökonomische Wachstumsentwicklung Deutschlands vorhersagen konnten. Auch diese Beobachtung weist starke Analogien zur Gegenwart auf: Der vermeintlich schockierende Befund der ersten PISA-Studie (vgl. Deutsches PISA-Konsortium 2001) betraf ja eine Generation, die heute, im Alter um die 30 bis 40 Jahre angekommen, maßgeblich die ausgesprochen positive wirtschaftliche Entwicklung im Land mitträgt und innovativ gestaltet.[79] Das vermeintliche Leistungsdefizit konnte also auch hier nicht für sozioökonomische Zukunftsprognosen herhalten. Das erstaunt umso mehr, als dass der heutige Arbeitsmarkt ja deutlich höhere Anforderungen an die Qualifikation der Nachwachsenden stellt als noch vor Jahren und selbst ein gleichbleibendes Bildungsniveau kaum ausreichen dürfte, die Ansprüche von Wirtschaft und Gesellschaft angemessen zu bedienen.

Bad news are good news – oder sind wenigstens interessanter

Irreführende Skandalisierung

Auch dafür bietet DER SPIEGEL ein anschauliches Beispiel. Ausgabe 25/2013 des Nachrichtenmagazins thematisierte die nun vermeint-

78 Weiterhin: https://causa.tagesspiegel.de/gesellschaft/ist-rechtschreibung-ueberbewertet/die-rechtschreibung-ist-ein-ausgesprochen-nuetzliches-werkzeug.html (22.09.2018)

79 https://www.welt.de/wirtschaft/article182223806/WEF-Ranking-Deutschland-ist-weltweit-das-innovativste-Land.html (30.04.2019)

lich eingetretene *RechtSchreipKaterStrofe*,[80] unter anderem unter Einbezug neuer empirischer Belege, hier aus der Feder germanistischer Forschung. Im Leitartikel *Die neue Schlechtschreibung* wird Alarm geschlagen, dass die Leistungen deutscher Schüler*innen in der Schriftsprache besorgniserregende Entwicklungen zeigten. Grund seien Konzepte im Fahrwasser der Reformideen des Schweizer Pädagogen Jürgen Reichen, die vorsähen, dass Kinder heute im Erstschreibunterricht schreiben könnten, wie sie wollten, dass eine korrekte Rechtschreibung zugunsten einer verbesserten Lernmotivation nicht mehr korrigiert werden sollte und der Erwerb der Orthographie sich dann auf wunderbare Weise von selbst einstelle. Was fachlich gesehen Unsinn ist – Spätestens hier verliert die rational denkende bürgerliche Leser*in das letzte bisschen Respekt vorm Berufsstand der Grundschullehrer*innen; nebenbei: Es sind die beiden Autorinnen Rafaela von Bredow und Veronika Hackenbroch, die das Konzept nicht verstanden haben. – wird als Ursache identifiziert, dass Kinder und Erwachsene heute nicht mehr richtig schreiben könnten. Belegt wird diese Entwicklung mit schockierenden Befunden des Frankfurter Germanisten Günther Thomé:

> *Vor sechs Jahren fand der Frankfurter Forscher in der Schulleistungsstudie DESI (Deutsch-Englisch-Schülerleistungen-International) heraus, dass nur noch jeder fünfte Neuntklässler die deutsche Orthografie einigermaßen sicher beherrscht. In einem Testdiktat mit 68 Wörtern schafften es die Schüler, im Schnitt 16 Fehler unterzubringen. Thomé: ‚Und dabei hatten Experten aus den Ministerien vorher gesagt, das Diktat sei zu leicht.'*[81]

Das entspricht fast wortgenau den – im gleichen Magazin nachzulesenden – Ergebnissen von Industrie- und Handelskammerreferent Dr. Stemme aus dem Jahr 1953, die ja mehr als ein halbes Jahrhundert älter sind. Was kurios anmutet, muss aber in Relation betrachtet werden. Denn hier kann ja auch das Ergebnis eines jahrzehntelangen Verfallsprozesses der Rechtschreibentwicklung sichtbar werden, in dem nur immer wieder die Maßstäbe nach unten korrigiert werden. Das legen auch die Studienergebnisse des Gießener Germanisten Wolfgang Steinig nahe. Um Licht ins Dunkel der Langzeitperspektive zu bringen, wiederholte er einen Studienversuch aus den 1970er-Jahren, um herauszufinden, wie sich in einer vergleichbaren Stichprobe die Leistungen heute einordnen ließen. Das Ergebnis vermag zu schockieren:

80 http://www.spiegel.de/spiegel/print/index-2013-25.html (23.09.2018)

81 http://www.spiegel.de/spiegel/print/d-98091072.html (23.09.2018)

Dabei kam heraus, dass Viertklässler sich aktuell im Schnitt 17-mal in 100 Wörtern vertun. Im Jahr 1972 waren es gerade einmal 7 Fehler gewesen. Die Forscher staunten über Texte wie diesen: ‚Dan haben sie dad Kind in ruhe gelasen und das Madchen war Froh und. ende!!!'[82]

Nun scheint der Beleg erbracht: Es geht tatsächlich bergab. Im Zuge der vorliegenden Argumentation mag jedoch nur schwer nachzuvollziehen sein, dass die 1970er-Jahre nun als positives Beispiel daherkommen, nachdem doch bereits in den 1930er- und auch in den 1950er-Jahren die Rechtschreibkatastrophe Alltagsgeschäft an deutschen Schulen war. Doch vielleicht bildet sich daran auch ein allgemeiner und langwieriger Prozess des Verfalls der Schriftkultur ab?

Befunde im Kontrast

Dagegen sprechen einerseits die Ergebnisse der oben bereits zitierten Leo-Studie, die zeigen, dass die Rechtschreibfähigkeiten über die Alterskohorten der Gesellschaft relativ konstant verteilt sind; Jüngere also nicht schlechter Schreiben als Ältere und ein Negativtrend nicht zu belegen ist.[83] Andererseits lohnt sich aber auch ein Blick in die vom SPIEGEL zitierten und von Steinig 2009 veröffentlichte Studie. In deren Zusammenfassung ist zu lesen:

Die Texte von 2002 scheinen, im Vergleich zu den älteren Texten, kommunikativ näher, spontaner, variabler und erzählender gestaltet. Der Adressat fühlt sich stärker angesprochen. [...] Als Indiz für eine größere Freude am Schreiben können die deutlich längeren Texte gelten. Die durchschnittliche Wortzahl stieg [...] um 19 Prozent. Neben dieser quantitativen Steigerung weisen andere Merkmale auf einen Anstieg kommunikativer Qualität hin. [...] Die einleitenden Sätze waren 2002 weniger stereotyp. Öfter wurden Einleitungen gewählt, die für Erzählungen charakteristisch sind und sich an entsprechenden literarischen Formen orientieren. [...] Durch die häufigere Verwendung von wörtlicher Rede gewinnen die Texte an erzählerischer Qualität. [...] Die Texte wurden nicht nur stilistisch interessanter, sondern auch spannender: Komplikation und Plötzlichkeit wurden häufiger markiert. Schließlich sind auch die Kohärenzbrüche deutlich zurückgegangen [...] Viertklässler schreiben 2002 konzeptionell schriftlicher als 1972.

(Steinig et al. 2009, 345 f.)

Mehr im Nebensatz wird auch erwähnt, dass es im Bereich Rechtschreiben und auch beim Schriftbild leichte Negativtendenzen gäbe, doch das Gesamtbild der Auswertung kann und muss fast als eupho-

82 https://m.spiegel.de/spiegel/print/d-98091072.html (18.04.2019)

83 https://www.alphabetisierung.de/fileadmin/files/Dateien/Downloads_Texte/leo-Presseheft-web.pdf (23.09.2018)

risch bezeichnet werden. Hier zeigt sich nun ein völlig anderes Bild, als im Spiegel gezeichnet. Der Schriftgebrauch verändert sich und der Schule gelingt es offensichtlich zunehmend besser, Kinder bei ihrer Entwicklung zu funktionalen Schriftnutzenden zu unterstützen. Positive Entwicklungen sind im Bereich der sog. pragmatischen Fähigkeiten, also beim konkreten Schriftsprachgebrauch zu erkennen; auch, weil das in der Schule früher und intensiver angebahnt wird (Stichwort: Didaktik des sprachlichen Handelns, vgl. Kap. 1). Kinder sind heute flexibler und souveräner im Umgang mit der Schrift beim Formulieren und Vertexten. Nun ist es eine Banalität, dass die Schule, wenn sie ihre Bildungsschwerpunkte verschiebt, auch manche Themen an den Rand drängt. Und es wäre durchaus zu diskutieren, ob Handschrift und Rechtschreibung gegenwärtig einen angemessenen Stellenwert in der Schule haben, von einem Bildungsverfall ist allerdings nicht zu sprechen. Viel eher drängt sich der Eindruck auf – auch unter Berücksichtigung der Studienlage zum Rechtschreiberwerb (vgl. Brügelmann 2013) – dass sich die Erwerbszeitpunkte verschiedener schriftsprachlicher Kompetenzen heute verschieben. Während der Schriftgebrauch in viel komplexerer Weise heute zeitiger von Kindern bewältigt wird, dehnen sich elementare Fähigkeiten wie die Rechtschreibentwicklung eher über einen längeren Zeitraum bis in die Sekundarstufe hinein aus. Das muss deshalb kein Problem sein, weil sich bis zum Schulabschluss die verschiedenen vermeintlichen Defizite ja wieder auszugleichen scheinen, nur verändern sich damit die fachlichen Anforderungen an den Sprachunterricht der verschiedenen Jahrgänge.

Einseitige Darstellung

Frappierend ist nun mit Blick auf Steinig und den SPIEGEL (2013), dass positive Entwicklungen in der öffentlichen Diskussion mit keiner Silbe Erwähnung finden und auch Wissenschaftler*innen hier und dort eine verschiedene Sprache zu sprechen scheinen. Gleichzeitig wird damit ein Berufsstand in pauschaler Weise diskreditiert, die sich weder aus der tatsächlichen Befundlage begründet, noch eine angemessene Differenzierung nach tatsächlicher Problemlage aufweist.

Das zeigt auch das Vorgehen bei der öffentlichen Inszenierung solcher Ergebnisse. Plakative Zuspitzungen werden in der Öffentlichkeit heiß diskutiert. Gut begründete Studien mit differenzierteren Ergebnissen finden hingegen – wenigstens in der öffentlichen Wahrnehmungen – wenig Resonanz.[84]

Anders machen es aktuell die Bonner Psycholog*innen Una Röhr-Sendlmeier und Tobias Kuhl, die wieder einmal zu belegen scheinen,

84 z. B. kritische Studien zu Schriftspracherwerbskonzepten (vgl. Weinhold 2006)

dass das Konzept *Lesen durch Schreiben* zu signifikant schlechteren Lernergebnissen führt. Solche Studien finden viel Aufmerksamkeit, reißerisch sind die Schlagzeilen, die auf eine Pressemeldung der Universität Bonn vom 10.09.2018[85] folgen. So stellt die Zeitung DIE WELT schnell fest, dass die „wahnwitzige Lehrmethode ‚Lesen durch Schreiben' gescheitert"[86] sei und solche „Bildungsexperimente" letztendlich lediglich „Verachtung für Kinder"[87] zeigten. Im mittlerweile bekannten Stil titelt auch DER SPIEGEL am 22.09.2018, der „klassische Orthographieunterricht" sei überlegen und fragt an, wann Kinder endlich wieder richtig schreiben lernen dürften.[88] Ein Streitpunkt der aktuellen Debatte: Während die Ergebnisse der Bonner Studie bereits öffentlich diskutiert werden, sind Einzelheiten zum Untersuchungsgegenstand und zum methodischen Vorgehen der psychologischen Forschung nicht bekannt. Diese würden, so versichern die Verantwortlichen im SPIEGEL, schnellstmöglich publiziert, doch das Vorgehen verwundert. Denn während das Thema jetzt verkaufsträchtig durch die Öffentlichkeit polemisiert, wird die an eine Veröffentlichung anknüpfende recht wahrscheinliche und die Ergebnisse vermutlich relativierende Kritik der Untersuchungsanlage in einer unbestimmten Zukunft kaum mehr Aufmerksamkeit erfahren.

Metauntersuchung

Dabei ist es sehr unwahrscheinlich, dass Una Röhr-Sendlmeier und Tobias Kuhl nun tatsächlich endlich der Weisheit letzter Schluss gefunden haben. Denn entgegen immer wiederkehrender Behauptungen, Konzepte wie *Lesen durch Schreiben* würden ohne vorbereitende und begleitende Forschung einfach als *Bildungsexperiment* in der Praxis ausprobiert, existiert gerade zum seit jeher umstrittenen Konzept eine reichhaltige Forschungslage, die jedoch zeigt, dass es so einfach eben nicht ist, wie die oben genannten Ergebnisse zu vermitteln versuchen. In einer gründlichen Metaanalyse der damals existierenden Studien zum Schrifterwerb mit der Methode *Lesen durch Schreiben* kommt der Heidelberger Deutschdidaktiker Reinhold Funke zu dem Ergebnis, dass eindeutige Tendenzen in der Zusammenschau der Studienergebnisse kaum herauszukristallisieren sind. Wenn überhaupt ergeben sich leichte Tendenzen, die aber keinesfalls gesicherte und seriöse Auskünfte über die Lernwirksamkeit eines Konzeptes zuließen (vgl. Funke 2014). Dass nun plötzlich hochsignifikante und eindeutige Zusammenhänge erkennbar werden,

85 https://www.uni-bonn.de/neues/237-2018 (23.09.2018)

86 Leitartikel der Ausgabe der WELT vom 19.09.2018

87 https://www.welt.de/debatte/kommentare/plus181568024/Schreiben-lernen-Solche-Bildungsexperimente-zeigen-Verachtung-fuer-Kinder.html (23.09.2018)

88 DER SPIEGEL Ausgabe 39/2018

macht stutzig und erinnert zu sehr an vergangene Untersuchungen, die sich nach vermeintlicher Eindeutigkeit schnell als methodisch unzureichend abgesichert herausstellten. Dass die Kolleg*innen dieser Unterstellung nicht gleich mit der Offenlegung ihres Vorgehens zuvorkommen, wirkt dabei wenig überzeugend. Und nebenbei: Die sehr viel besser begründeten und transparent veröffentlichten Befunde zur aktuellen Rechtschreibentwicklung im Stadtstaat Hamburg, die Petra Hüttis-Graff und Daniel Wirszing fast zeitgleich vorlegen (vgl. Hüttis-Graff/Wirszing 2018), finden in der Öffentlichkeit kaum Gehör.

Der Misserfolg als Hingucker

Longseller

Doch vielleicht geht es ja auch gar nicht darum? Bei der Zusammenschau der Ergebnisse drängt sich das Bild auf, dass hier eine Diskussion geführt wird, die eine starke Eigendynamik und Eigengesetzlichkeit aufweist. Denn allen offenkundigen Widersprüchen zwischen wissenschaftlichen Befunden und öffentlichen Diskussionen zum Trotz funktioniert das Thema ja 1953 wie 2013 und auch 2018. Und auch in den Jahren dazwischen finden sich vielfältige Beispiele: So titelte DER SPIEGEL in Ausgabe 28/1984: *Eine Industrienation verlern[e] ihre Sprache.*[89] Auch hier ist es noch zu früh, in den Ergebnissen Konsequenzen aus der Arbeit mit Reichens damals erst kurz vorher erschienener Leselernmethode zu erkennen. Verblüffend ist jedoch, dass die Beispiele, die als Belege für den Niedergang des Schriftlichen angeführt werden, erneut dem letzten Magazinbeitrag über *Lesen durch Schreiben* gleichen. Und auch hier taucht wieder die Figur der bis ins Absurde als inkompetent überzeichneten Lehrer*in auf:

> *Was sich zum Beispiel aus dem Wort ‚wißbegierige' noch alles machen läßt, erfuhr der Augsburger Pädagogikprofessor Werner Glogauer, als er sich Arbeiten von Realschülern ansah: ‚Wiesbegirige', ‚wissbegiehriege', ‚wissbegerige', ‚wispigirige' oder auch, in einer Kurzform, ‚wißberiger'.*
>
> *Eigenwillig können da auch Lehrer sein, wie einer im holsteinischen Ahrensburg, der in dem Diktat-Satz ‚der Apfel fiel vom Baum', das ‚fiel' in ‚viel' korrigierte und bei dem richtig geschriebenen Wort ‚kaputt' ein ‚p' hinzufügte und ein ‚t' tilgte. Die beiden Fehler strich er natürlich dem Schüler an.*
>
> *(Ebd.)*

89 http://www.spiegel.de/spiegel/print/d-13508690.html (23.09.2018)

Diesen beiden Beispielen werden weitere amüsant-kuriose Exempel hinzugefügt, die anschaulich das Problem verdeutlichen und dramatisierend zuspitzen. Als Ursache werden kulturkritische Tendenzen, schulpolitische Entscheidungen und auch nicht zuletzt die medialen Entwicklungen des Fernsehens und der Comickultur herangezogen. Und natürlich endet der Text mit dem obligatorischen Hinweis auf die gravierenden Folgen für Menschen und Gesellschaft, wenn nicht bald seitens der Schulpolitik steuernde Gegenmaßnahmen ergriffen würden.

Auch nach der Wiedervereinigung scheint es nicht besser zu sein. In Ausgabe 46 des SPIEGELs aus dem Jahr 1997 wird eine Studie des Bundesbildungsministeriums zitiert, laut der 94 % der befragten 800 Unternehmen feststellten: „die Rechtschreibleistungen der jungen Leute seien schlechter geworden.“[90] Kurios wird es im Folgenden:

Seit über 20 Jahren verfolgt der psychologische Dienst des Ludwigshafener Chemiekonzerns BASF die Ergebnisse von Einstellungstests. In dieser Zeit hat der Bildungsstand der angehenden Azubis dramatisch nachgelassen: Im Jahr 1975 lösten noch durchschnittlich 20 Prozent der Hauptschüler die Rechtschreibtests richtig, 1995 waren es nur noch 15 Prozent. Bei den Rechenübungen lieferten statt 14,5 Prozent nur noch 11,2 korrekte Zahlen.

(Ebd.)

Man muss diese Aussagen an dieser Stelle nicht mehr kommentieren. Es erstaunt lediglich, dass selbst der SPIEGEL-Redaktion die eigenen Inkonsistenzen nicht auffallen. Eher ist die Frage zu stellen, warum eine solch absurde Diskussion dauerhaft funktioniert, ohne dass der – entgegen aller Prognosen – auch heute noch gebildeten Bildungsbürger*in Zweifel hinsichtlich der Art und Weise der Diskussion aufkommen.

Dazu ist ein zugespitzter Hinweis Martin Spiwaks im bereits weiter oben zitierten ZEIT-Beitrag zu Martin Dornes’ Gesellschaftsanalyse erkenntnisreich. Dornes’ Buch entpuppte sich im gutgängigen Sektor der Literatur über Kindheit und Erziehung als Ladenhüter.

Man kann mit Büchern über Kinder, Erziehung und Bildung durchaus Auflage machen. Viel Auflage. Bloß erzählen diese Bücher andere Geschichten. Die Erziehungskatastrophe, Tatort Familie und SOS Kinderseele heißen sie. In den Bestsellern dieses Genres überlassen Eltern ihre Kinder der Digitalen Demenz oder schwirren als Helikopter-Eltern über ihren Köpfen.

90 http://www.spiegel.de/spiegel/print/d-8811619.html (23.09.2018)

Die Deutschen kaufen diese Geschichten mit geradezu masochistischer Wonne. Auch wenn die Thesen auf maßlosen Übertreibungen, belegfreien Behauptungen und irregeleiteter Nostalgie fußen. Und sich permanent widersprechen: Mal heißt es, die Eltern verzärteln ihre Kinder und vernachlässigen deren Erziehung. Dann wieder machen sie sich schuldig, indem sie ihren Nachwuchs von einem Frühförderkurs zum nächsten treiben. Mal nimmt die Leistungsbereitschaft der Schüler dramatisch ab. Dann wieder ächzen sie unter dem G-8-Stress.

Von der weitverbreiteten Krise der Familie ist sogar überzeugt, wer selber im Alltag das Gegenteil erlebt. Laut einer Allensbach-Umfrage meinen nur 20 Prozent der Deutschen, hierzulande sei der Zusammenhalt in den Familien stark. Aber 82 Prozent finden, in ihrer eigenen Familie herrsche große Verbundenheit.[91]

Diese Texte und Thesen bestätigen eher die pessimistische Weltsicht einer sich um ihre Zukunft sorgenden Lesendengruppe. Dafür braucht es keine Fakten, fadenscheinige Belege und subjektives Erfahrungswissen sind ausreichend.

Die Konsequenzen

Zukunftsängste

In einer Zeit immer professionalisierterer Ansprüche an Elternschaft kann diese Textsorte ankommen. Sie bedient das Bedürfnis der Konkretisierung diffuser Zukunftsängste und projiziert diese auf eine andere Gruppe, von der man sich abgrenzen und sich damit selbst aufwerten kann. Was bei Migrant*innen funktioniert, ist auch hinsichtlich des Berufsstandes der Grundschullehrer*innen funktional und speziell bei jenen Vertreter*innen leicht, die sich zu einer reformierten Schule bekennen und Schule anders gestalten, als man sie selbst erlebt, vielleicht nicht geliebt aber doch erfolgreich durchlaufen hat.

Was nun aus einer egozentrischen Perspektive attraktiv erscheint, hat durchaus auch weiterreichende Wirkungen. Ein prominentes Beispiel – gerade wieder heftig vom SPIEGEL gescholten – ist Hans Brügelmann. Seit Jahren sieht sich der Schriftspracherwerbsforscher aufgrund seines Engagements für eine Versachlichung der Diskussion heftigen Anfeindungen ausgesetzt. Nach dem Tod von Jürgen Reichen ist er zum personifizierten Feindbild der Kritiker*innen des reformorientierten Schriftspracherwerbs geworden. Und die mittlerweile in engen Takten erfolgenden Kampagnen zeigen Wirkung. So schreibt DER SPIEGEL aktuell nicht ganz zu Unrecht:

---

91 https://www.zeit.de/2014/38/kindheit-deutschland-erziehung/komplettansicht (23.09.2018)

Allerdings haben Brügelmann und die anderen Verfechter des Schreibens nach Gehör mit immer stärker werdendem Widerstand zu kämpfen. Eine Umfrage des SPIEGELS unter den 16 für Bildung zuständigen Landesministerien ergab, dass die Länder das Thema Orthografie inzwischen ernst nehmen. In den vergangenen fünf Jahren haben die meisten Bundesländer Maßnahmen ergriffen, um die Rechtschreibung ihrer Schüler zu verbessern.[92]

Auf die Falschdarstellungen in diesen Sätzen muss nicht weiter eingegangen werden. Lediglich der Hinweis sollte erlaubt sein, dass sich Hans Brügelmann seit über 40 Jahren für ein besseres Verstehen des Rechtschreiberwerbs und seiner Didaktik einsetzt. Man kann Konzepte kritisieren und Ansätze kontrovers diskutieren, ihnen aus Unkenntnis ein Interesse an der Rechtschreibung abzusprechen, ist jedoch schäbig.

Langzeitwirkungen

Was stimmt ist, dass die Kampagnen gegen das sogenannte *Schreiben nach Gehör* Wirkung zeigen. In immer mehr Bundesländern nutzen populistische Kräfte die vereinfachende Diskussion zur eigenen Profilierung.[93] In zunehmendem Maß ist auch zu erleben, dass schlecht informierte Vertreter*innen der Ministerien dem von der Diskussion aufgebauten Druck nachzugeben beginnen; auch wenn z. B. Hamburg entgegen der öffentlichen Darstellung nie irgendein Schriftspracherwerbskonzept verboten hat.[94] Auch hier besteht kaum Interesse an einer sachlichen Diskussion oder Information. Vielmehr scheint die Sachlage allein aufgrund der Hartnäckigkeit ihrer Medienpräsenz zunehmend richtiger zu werden.

Die geschürte Verunsicherung in der Öffentlichkeit, insbesondere bei den Eltern heutiger Schulanfänger*innen, baut allerdings auch einen enormen Druck bei den Schulen auf. Beredt machen das Aussagen von engagierten Lehrer*innen deutlich. So schreibt eine Schulleiterin einer sachsen-anhaltinischen Grundschule in Reaktion auf eine aktuelle Pressemeldung des Grundschulverbandes:[95]

---

92 https://magazin.spiegel.de/SP/2018/39/159553285/?utm_source=spon&utm_campaign=centerpage (23.09.2018)

93 https://www.mz-web.de/sachsen-anhalt/landespolitik/-schreiben-nach-gehoer--bleibt-erlaubt-afd-scheitert-im-landtag-mit-verbot-der-methode-28227370 (23.09.2018)

94 Fast zeitglich zum sogenannten Verbot von *Schreiben nach Gehör* in Hamburg wurde sogar eine Broschüre vom Bildungssenator Thies Rabe veröffentlicht, in der ganz zentral die Bedeutung eines lautorientierten Zugangs zur Schriftsprache betont und die Arbeit mit der Anlauttabelle als zentrales Element jedes Schriftspracherwerbslehrgangs empfohlen wird; vgl. http://www.hamburg.de/contentblob/4340490/data/rechtschreibung-download.pdf, 26 (23.09.2018).

95 http://www.gsv-lsa.de/images/pdf/pm_rs_2018_09.pdf (23.09.2018)

Seit Einführung [der Methode Lesen durch Schreiben, M.R.] (vor 10 Jahren) gibt es an unserer Schule kein Kind mit einer LRS und ALLE – auch die Kinder, welche nach der 4. Klasse in die Förderschule wechseln – beherrschen das Lesen. [...]

In den Leistungsvergleichen im Fach Deutsch lagen wir in den letzten Jahren über oder mindestens im Landesdurchschnitt. Zu Elternversammlungen hängen wir regelmäßig die Ergebnisse aus und versuchen so, die immer wieder verunsicherten Eltern, zu beruhigen.[96]

Schule unter Druck

Ein Schulleiter-Kollege schreibt im Zuge der 2018er Diskussion in einem Brief an den Bildungsminister Sachsen-Anhalts:

Wir arbeiten seit 1996 nach der Methode von Jürgen Reichen. Kollegen der Schule und ich haben in der Freizeit selbst finanzierte Fortbildungen bei Jürgen Reichen besucht. In unzähligen Stunden haben wir Material gesichtet, entwickelt und auf die Zweckmäßigkeit hin geprüft.

Dem Druck geschuldet haben wir in diesem Jahr die Methode gewechselt und unterrichten mit der Fibel. Ich betone ausdrücklich, dass der öffentliche Druck und nicht unsere Lernergebnisse für den Methodenwechsel gesorgt haben. In der gegenwärtigen Situation fehlt mir als Schulleiter und Lehrer an dieser Stelle auch die Unterstützung meines Arbeitgebers, diesen öffentlichen Druck zu mindern.[97]

In seinem Brief listet er gut dokumentierte Ergebnisse seiner Schule im Landesvergleich auf. Sie zeigen: Eine Pauschalverurteilung eines Schriftspracherwerbskonzeptes geht weit an der schulischen Realität vorbei, denn auch hier zeigen die Ergebnisse keine statistischen Auffälligkeiten. Die genannten Kampagnen verstärken aber den Druck auf Lehrer*innen, die sich angesichts einer vehementen öffentlichen Stimmungsmache verunsichert und allein gelassen fühlen. Viele Schulen halten dem Druck nicht stand, geben Bewährtes auf und folgen einem Mainstream, der als Sachgrundlage vor allen Dingen eine emotionale Ablehnung und Projektion persönlicher Ängste aufweisen kann. Und die Administration verschärft das Vorgehen, indem statt die engagierten Lehrer*innen zu schützen auf populistische Strömungen unreflektiert aufgesattelt wird.

Der Öffentlichkeit erscheint der Lehrer*innenberuf in diesem Kontext zunehmend als Sammelbecken weltvergessener Wirrköpfe, eine spezifische Professionalität wird dem Berufsstand oft aberkannt. Eher drängt sich der Eindruck auf, jede Bürger*in war lange genug in der Schule, um die dort eingesetzten Methoden und

96 Die E-Mail liegt dem Autor vor.

97 Der Brief liegt dem Autor vor.

Konzepte – auch die neuen, nie selbst erlebten – abschließend beurteilen zu können. Das bildet sich auch in der aktuellen Tendenz ab, in Zeiten des Mangels an Lehrer*innen allzu schnell auf das Modell der nicht adäquat qualifizierten Seiten- und Quereinsteiger*innen zu setzen.

Qualifikationsbedarf

Dabei ist sich die Bildungsforschung tatsächlich in der Frage erstaunlich einig, dass die Qualifikation der Lehrenden im direkten Zusammenhang mit der Qualität der durch sie angeleiteten Lernprozesse steht.[98] Das wird auch daran deutlich, dass die öffentlich immer wieder angeführten Beispiele ja oft eher auf inkompetentes Lehrer*innenhandeln verweisen, das es – wie in jedem Berufsfeld – natürlich immer auch gibt. Das betont aber noch einmal, dass es eben die Lehrer*innenprofessionalität ist, und weniger die Methode, die zum Erfolg beim Lernen beiträgt.[99]

Der Blick auf die Methode scheint hier eher von den Problemen abzulenken, denen sich das Schulsystem in Deutschland gerade stellen muss. Denn Probleme gibt es tatsächlich: Deutschlands Schulen brauchen dringend Lehrer*innen,[100] zumal die aktuellen Entwicklungen eher die Kinder am gesellschaftlichen Rand zu benachteiligen scheinen.[101] Natürlich haben auch viele Schüler*innen Schwierigkeiten bei der Bewältigung schulischer Anforderungen – i. d. R. völlig unabhängig von der Methode, mit der das Lesen und das Schreiben gelernt werden[102] – und gerade beim Zusammenhang von Herkunft und Bildungserfolg bestehen viel zu große Zusammenhänge,[103] als dass man sich beruhigt zurücklehnen sollte. Aber Methoden wie *Lesen durch Schreiben* sollten sachlich diskutiert werden, da es ja durchaus ernstzunehmende fachliche Einwände gegen die Methode gibt, die in der aktuellen Diskussion jedoch keinen Platz finden. Selbstzufriedenheit wäre ebenso dumm und naiv wie die hysterische Diskussion gefühlter Katastrophen. Doch alle diese Fragen scheinen in der Öffentlichkeit kaum so interessant,

98 https://www.zeit.de/2014/42/lehrer-unterricht-beruf (23.09.2018); https://www.zeit.de/gesellschaft/schule/2018-09/schreiben-nach-gehoer-rechtschreibung-lernmethoden-grundschule-lehrer-zeitmangel (23.09.2018)

99 Das zeigt sich im Übrigen auch bei der Wahl der in den öffentlichen Kampagnen zitierten sog. Lehrer*innenexperten. Der vom SPIEGEL beispielsweise 2013 herangezogene ehemalige Lehrer Günther Janssen ist offenkundig gar nicht informiert, was er da kritisiert, so offensichtlich sind seine Ausführungen fachlich abwegig und irreführend: http://www.spiegel.de/lebenundlernen/schule/guenter-jansen-ueber-die-schlechte-rechtschreibung-viele-kinder-a-906458.html (23.09.2018)

100 https://www.zeit.de/gesellschaft/schule/2018-08/lehrermangel-schule-bildung-lehrer-erziehungswissenschaft-peter-struck (23.09.2018)

101 http://www.gsv-lsa.de/images/pdf/pm_2018_09.pdf (23.09.2018)

102 Es gibt ja auch viele Kinder, die beim Lernen mit einer klassischen Fibel Schwierigkeiten haben. Hier sind in der Regel die Lernvoraussetzungen Schuld am Scheitern, nicht die Methode an sich.

103 https://www.zeit.de/2016/27/bildung-herkunft-erlternhaus-erfolge (23.09.2018)

wie die polarisierende Diskussion um die Rechtschreibung; vielleicht, weil die Auseinandersetzung mit einem realen Problem so ungemein viel komplizierter ist, als eine imaginierte *RechtSchreip-KaterStrofe*. Der Geist der Diskussionen offenbart sich dabei in der Regel in der Sprache, z. B. wenn DIE WELT von „esoterischen" und „wahnwitzigen Lehrmethoden" schreibt, die von Anfang an „unsinnig" daherkommen und nur aufgrund der „zuverlässigen Fortbildungsbeflissenheit emsiger Bildungsreformbürokraten und der absoluten Indifferenz der Kultusminister" eingesetzt werden könnten, für Kinder nur „Verachtung" übrig hätten und schließlich nur mit einem „empirischen Waffenarsenal" bekämpft werden könnten.[104] Es sind offenkundig solche selbst wiederum hassgetränkten Polemiken und Gewaltmetaphern, die sich aktuell als Projektionsflächen bildungsbürgerlicher Ängste anbieten. Doch Angst ist ein schlechter Ratgeber und führt in der Regel in die Katastrophe; das weiß auch schon Jedimeister Yoda vor langer, langer Zeit in einer weit, weit entfernten Galaxis.[105] Dass nun George Lukas' Fantasy-Epos mehr Wahr- und Weisheitsgehalt zugetraut wird, als der aktuellen Berichterstattung zum Thema,[106] ist wiederum Polemik. Doch dass es sich dabei kaum um eine Übertreibung handelt, zeigen eben die eingangs angeführten Mentalitätsentwicklungen, die das radikale Gedankengut Stück für Stück wieder salonfähig machen. Die fachliche Diskussion befindet sich hingegen in einer Sackgasse, in der niemand weiterkommt und es kaum mehr möglich ist, die Konzepte des Schriftspracherwerbs jenseits ihrer jeweiligen Ideologismen und programmatischen Verkürzungen zu thematisieren.

Agressiver Duktus

---

104 DIE WELT, Ausgabe vom 19.09.2018

105 Filmzitat; vgl. STAR WARS Episode I: Die dunkle Bedrohung

106 Ausgenommen seien an dieser Stelle die durchaus existierenden Versuche einer etwas differenzierteren Darstellung, z. B. https://www.zeit.de/gesellschaft/schule/2018-09/schreiben-nach-gehoer-rechtschreibung-lernmethoden-grundschule-lehrer-zeitmangel (23.09.2018) und konkret bezogen auf die SPIEGEL-Debatte von 2013 http://www.carta.info/60026/die-journalismus-katastrophe/ (23.09.2018).

Literaturverzeichnis

Primärliteratur

Bichsel, Peter (1997): Der Leser. Das Erzählen. Frankfurt/Main.

Dömer, Markus/Bryan, Ed (2013): Rotkäppchen. Hamburg [App].

Ende, Michael (2013): Jim Knopf und die Wilde 13. Stuttgart.

Friese, Julia/Duda, Christian (2013): Schnipselgestrüpp. Zürich.

Gubellini, Matteo/Rapino, Eduardo B. (2008): Wenn ich eine Katze wäre... Zürich [ital. EA: 2008].

Neruda, Pablo (2003): Ich bekenne, ich habe gelebt. Memoiren. München [span. EA: 1974].

Orwell, George (1976): 1984. Frankfurt/Main [engl. EA: 1949].

Recheis, Käthe/Bydlinski, Georg (Hrsg.)(1997): Ich höre deine Stimme im Wind. Weisheit der Indianer. Freiburg [u. a.].

Sekundärliteratur

Andresen, Ute (2004): Versteh mich nicht so schnell. Gedichte lesen mit Kindern. Weinheim [u. a.].

Augst, Gerhard/Dehn, Mechthild (2009): Rechtschreibung und Rechtschreibunterricht. Eine Einführung für Studierende und Lehrende aller Schulformen. Seelze-Velber.

Bartnitzky, Horst (2005): Grammatikunterricht in der Grundschule. 1. – 4. Schuljahr. Berlin.

Bartnitzky, Horst (2011): Sprachunterricht heute. Berlin.

Bartnitzky, Horst/Brügelmann, Hans/Hecker, Ulrich (2005): Pädagogische Leistungskultur: Materialien für die Jahrgangsstufe 1 und 2. Frankfurt/Main.

Bartnitzky, Horst/Hecker, Ulrich (2006): Leseleistungen feststellen, würdigen, fördern In: Bartnitzky, Horst (Hrsg): Lesekompetenz. Ein Lese- und Arbeitsbuch. Frankfurt/Main, 187–202.

Becker, Tabea/Kepser, Mattis/Knopf, Julia/Rödel, Michael (2019): Debatte 5. In: Mitteilungen des Deutschen Germanistenverbandes 66 (2019) H. 1, 85–103.

Bernfeld, Siegfried (2006): Sisyphos oder die Grenzen der Erziehung. Frankfurt/Main [EA 1926].

Beck, Bärbel/Thomé, Günther/Thomé, Dorothea (2009): Schwache Rechtschreiber müssen keine schwachen Leser sein und umgekehrt. In: Valtin, Renate/Hoffmann, Bernhard (Hrsg.): Kompetenzmodelle der Orthografie. Berlin, 40–49.

Becker, Tabea (2015): Kinder lernen erzählen: Zur Entwicklung der narrativen Fähigkeiten von Kindern unter Berücksichtigung der Erzählform. Baltmannsweiler.

Becker, Tabea/Kepser, Mattis/Knopf, Julia/Rödel, Michael (2019): Debatte 4: In: Topalović, Elvira/Standke, Jan (Hrsg.): Deutschdidaktik 2000–2018. Debatten – Entwicklungen – Perspektiven. Themenschwerpunkt. In: Mittelungen des Deutschen Germanistenverbandes 66 (2019) H. 1, 66–84.

Boettcher, Wolfgang/Sitta, Horst (1978): Der andere Grammatikunterricht. Veränderungen des klassischen Grammatikunterrichts. Neue Modelle und Lehrmethoden. München [u. a.].

Bos, Wilfried/Tarelli, Irmela/Bremerich-Vos, Albrecht/Schwippert, Knut (Hrsg.)(2012): IGLU 2011. Lesekompetenzen von Grundschulkindern in Deutschland im internationalen Vergleich. Münster [u. a.].

Bredel, Ursula (2013): Sprachbetrachtung und Grammatikunterricht. Paderborn.

Brinkmann, Erika (Hrsg.)(2015): Rechtschreiben in der Diskussion. Schriftspracherwerb und Rechtschreibunterricht. Frankfurt/Main.

Brügelmann, Hans (2013): Entwicklung der Rechtschreibung und des Rechtschreibunterrichts. Ein Überblick über empirische Studien. In: Grundschule aktuell 32 (2013) H. 124, 13–17.

Brügelmann, Hans (2015): Der „Grundwortschatz"-Mythos. In: Brinkmann, Erika (Hrsg.): Rechtschreiben in der Diskussion. Schriftspracherwerb und Rechtschreibunterricht. Frankfurt/Main, 215–218.

Brügelmann, Hans (2019): „Die Schüler*innen heute können nicht mehr lesen und schreiben" - wirklich nicht (mehr)?. Online verfügbar unter: https://www.academia.edu/s/9ce574920f/brue19lds_rsu_freies_lauttreues_schreibenruckblickms_lang_www190128apdf (18.04.2019)

Bruner, Jerome (1983): Wie das Kind sprechen lernt. Bern [u. a.].

Bühler-Niederberger, Doris (2006): Legasthenie – Geschichte einer Pathologisierung. In: Hofmann, Bernhard/Sasse, Ada (Hrsg.): Legasthenie. Lese-Rechtschreibstörungen oder Lese-Rechtschreibschwierigkeiten? Theoretische Konzepte und praktische Erfahrungen mit Förderprogrammen. Berlin, 20–43.

Deutsches PISA-Konsortium (Hrsg.)(2001): PISA 2000. Basiskompetenzen von Schülerinnen und Schülern im internationalen Vergleich. Opladen.

Dehn, Mechthild (1999): Texte und Kontexte. Schreiben als kulturelle Tätigkeit. Berlin.

Dehn, Mechthild (2007): Kinder & Lesen und Schreiben. Was Erwachsene wissen sollten. Seelze-Velber.

Dehn, Mechthild/Merklinger, Daniela/Schüler, Lis (2011): Texte und Kontexte. Schreiben als kulturelle Tätigkeit. Seelze-Velber.

Dehn, Mechthild/Hüttis-Graff, Petra (2006): Zeit für die Schrift. Band II: Beobachtung und Diagnose. Berlin.

Deppermann, Arnulf (2004): Gesprächskompetenz – Probleme und Herausforderungen eines möglichen Begriffs. In: Becker-Mrotzek, Michael/Brünner, Gisela (Hrsg.): Analyse und Vermittlung von Gesprächskompetenz. Radolfszell, 15–28.

Digel, Sabine/Schrader, Josef (Hrsg.)(2013): Diagnostizieren und Handeln von Lehrkräften – Lernen aus Videofällen in Hochschule und Erwachsenenbildung. Bielefeld.

Dornes, Martin (2012): Die Modernisierung der Seele. Kind – Familie – Gesellschaft. Frankfurt/Main.

Duncker, Ludwig (1994): Lernen als Kulturaneignung: Schultheoretische Grundlagen des Elementarunterrichts. Weinheim.

Ehlich, Konrad (Hrsg.)(1980): Erzählen im Alltag. Frankfurt/Main.

Elschenbroich, Donata/Schweitzer, Otto (2001) Ins Schreiben hinein. Kinder auf der Suche nach dem Sinn der Zeichen. München [Film, 60 min].

Erichson, Christa (2015): Der harte Brocken des Tages. In: Brinkmann, Erika (Hrsg.): Rechtschreiben in der Diskussion. Schriftspracherwerb und Rechtschreibunterricht. Frankfurt/Main, 258–265.

Eriksson, Birgit/Luginbühl, Martin (2013): Methodenübersicht und Medieneinsatz im Deutschunterricht. In: Abraham, Ulf/Knopf, Julia (Hrsg.): Deutsch. Didaktik für die Grundschule. Berlin, 168–180.

Feilke, Helmuth (2015): Transitorische Normen. Argumente zu einem didaktischen Normbegriff. In: Didaktik Deutsch 20 (2015) H. 38, 115–136.

Fienemann, Jutta/Kügelgen, Rainer von (2006): Formen mündlicher Kommunikation in Lehr- und Lernprozessen. In: Bredel, Ursula/Günther, Hartmut/Klotz, Peter/Ossner, Jakob/Siebert-Ott, Gesa (Hrsg.): Didaktik der deutschen Sprache. Schöningh, 133–147.

Fix, Martin (2006): Texte schreiben. Schreibprozesse im Deutschunterricht. Paderborn [u. a.].

Funke, Reinhold (2014): Erstunterricht nach der Methode Lesen durch Schreiben und Ergebnisse schriftsprachlichen Lernens – eine metaanalytische Bestandsaufnahme. In: Didaktik Deutsch 19 (2014) H. 36, 20–41.

Gansberg, Fritz (1911): Demokratische Pädagogik. Ein Weckruf zur Selbstbetätigung im Unterricht. Leipzig.

Garbe, Christine/Holle, Karl/Jesch, Tatjana (2010): Texte lesen. Textverstehen – Lesedidaktik – Lesesozialisation. Paderborn.

Gogolin, Ingrid (2008): Herausforderung Bildungssprache. In: Die Grundschulzeitschrift 22 (2008) H. 215/216, 26.

Groeben, Norbert (2004): Lesesozialisation als Ko-Konstruktion – Methodisch-methodologische Problem-(Lösungs-)Perspektiven. In: Groeben, Norbert/Hurrelmann, Bettina (Hrsg.): Lesesozialisation in der Mediengesellschaft. Ein Forschungsüberblick. Weinheim, 145–168.

Groeben, Norbert/Schroeder, Sascha (2004): Versuch einer Synopse: Sozialisationsinstanzen – Ko-Konstruktion. In: Groeben, Norbert/Hurrelmann, Bettina (Hrsg.): Lesesozialisation in der Mediengesellschaft. Ein Forschungsüberblick. Weinheim, 306–348.

Grotlüschen, Anke/Riekmann, Wibke (Hrsg.)(2012): Funktionaler Analphabetismus in Deutschland: Ergebnisse der ersten leo – Level-One Studie. New York [u. a.].

Günther, Hartmut (1998): Die Sprache des Kindes und die Schrift der Erwachsenen. In: Huber, Ludowika (Hrsg.): Einblicke in den Schriftspracherwerb. Braunschweig.

Haas, Gerhard/Menzel, Wolfgang/Spinner, Kaspar (1994): Handlungs- und produktionsorientierter Literaturunterricht. In: Praxis Deutsch 21 (1994) H. 123, 17–25.

Härle, Gerhard/Steinbrenner, Markus (2014): Kein endgültiges Wort: Die Wiederentdeckung des Gesprächs im Literaturunterricht. Baltmannsweiler.

Haid, Andrea/Löffler, Cordula (2015): Kindlicher Spracherwerb. In: Vogt, Franziska/Löffler, Cordula (Hrsg.): Strategien der Sprachförderung im Kita-Alltag. München, 18–41.

Hayes, John R./Flower, Linda S. (1980): Identifying the Organization of Writing Processes. In: Gregg, Lee W./Steinberg, Erwin R. (Hrsg.): Cognitive Processes in Writing. Hillsdale, 2–30.

Hayes, John R. (2012). Modeling and remodeling writing. In: Written Communication 29 (2012) H. 3, 369–388.

Heizmann, Felix (2018): Literarische Lernprozesse in der Grundschule: Eine qualitativ-rekonstruktive Studie zu den Praktiken und Orientierungen von Kindern in Literarischen Gesprächen über ästhetisch anspruchsvolle Literatur. Baltmannsweiler.

Hennies, Johannes/Ritter, Michael (2014): Schreibanregungen im inklusiven Deutschunterricht. In: Bernhardt, Nora/Hauser, Mandy/Poppe, Frederik/Schuppener, Saskia (Hrsg.): Inklusion und Chancengleichheit. Diversity im Spiegel von Bildung und Didaktik. Frankfurt/Main, 224–230.

Hinz, Andreas (2002): Von der Integration zur Inklusion – terminologisches Spiel oder konzeptionelle Weiterentwicklung. In: Zeitschrift für Heilpädagogik 53 (2002) H. 9, 354–361.

Hüttis-Graff, Petra/Wirszing, Daniel (2018): Anfänge des Rechtschreiblernens 1994 und 2014 – Ergebnisse einer diachronen Longitudinalstudie in Hamburg. In: Didaktik Deutsch 23 (2018) H. 45, 50–73.

Hüttis-Graff, Petra/Merklinger, Daniela/Klenz, Stefanie/Speck-Hamdan, Angelika (2010): Bildungssprache als Bedingung für erfolgreiches Lernen. In: Bartnitzky, Horst/Hecker, Ulrich (Hrsg.): Alles Kindern gerecht werden. Aufgaben und Wege. Frankfurt/Main, 238–265.

Hurrelmann, Bettina (1990): Die Kinder- und Jugendliteraturkritik in der Jury für den Deutschen Literaturpreis. In: Scharioth, Barbara/Schmidt, Joachim (Hrsg.): Zwischen allen Stühlen. Zur Situation der Kinder- und Jugendbuchkritik. Tutzing, 44–51.

Hurrelmann, Bettina (2002): Leseleistung – Lesekompetenz. Forderungen aus PISA, mit einem Plädoyer für ein didaktisches Konzept des Lesens als kultureller Praxis. In: Praxis Deutsch 29 (2002) H. 176, 6–18.

Hurrelmann, Bettina (2004): Informelle Sozialisationsinstanz Familie. In: Groeben, Norbert/Hurrelmann, Bettina (Hrsg.): Lesesozialisation in der Mediengesellschaft. Ein Forschungsüberblick. Weinheim, 280–305.

Hurrelmann, Bettina (2010): Modelle und Merkmale der Lesekompetenz. In: Bertschi-Kaufmann (Hrsg.): Lesekompetenz. Leseleistung. Leseförderung. Grundlagen, Modelle und Materialien. Seelze [u. a.], 18–28.

Hurrelmann, Klaus (1990): Einführung in die Sozialisationstheorien. Weinheim [u. a.].

Idel, Till-Sebastian/Ullrich, Heiner (2017): Handbuch Reformpädagogik. Weinheim [u. a.].

Ingenkamp, Karlheinz (1967): Schulleistungen – damals und heute. Meinungen und Untersuchungen zur Veränderung des Leistungsniveaus unserer Schuljugend. Weinheim [u. a.].

Jantzen, Christoph (2012): Überarbeiten gehört zum Schreiben wie der Kern zum Apfel – auch schon in Klasse 1! In: Ritter, Alexandra/Ritter, Michael (Hrsg.): Schreibkompetenz und Schriftkultur. Ein Lese- und Arbeitsbuch. Frankfurt/Main, 184–200.

Jantzen, Christoph/Josting, Petra/Ritter, Michael (Hrsg.)(2018): Ästhetik – Leserbezug – Wirkung. Ansprüche an Kinder- und Jugendliteratur im Wandel der Zeit. München.

Jentgens, Stephanie (2016): Lehrbuch Literaturpädagogik: Eine Einführung in Theorie und Praxis der Literaturvermittlung. Weinheim.

Jeuk, Stefan (2014): Mehrsprachigkeit wertschätzen und fördern. In: Grundschule aktuell 32 (2014) H. 128, 6–8.

Jeuk, Stefan (2015): Deutsch als Zweitsprache in der Schule. Grundlagen – Diagnose – Förderung. Stuttgart.

Jeuk, Stefan/Schäfer, Joachim (2013): Schriftsprache erwerben. Berlin.

Koch, Peter/Oesterreicher, Wulf (1985): Sprache der Nähe – Sprache der Distanz. Mündlichkeit und Schriftlichkeit im Spannungsfeld von Sprachtheorie und Sprachgeschichte. In: Romanistisches Jahrbuch 36. Berlin [u. a.], 15–43.

Kohl, Eva Maria (2001): Zum Schreiben verlocken und das Schreiben zeigen. In: Grundschukunterricht 48 (2001) H. 7–8, 3–8.

Kohl, Eva Maria (2005): Schreibspielräume. Freies und kreatives Schreiben mit Kindern. Seelze-Velber.

Kohl, Eva Maria (2007): Geschichtengrammatik. Oder: Wenn Geschichten über sich selbst sprechen. In: Die Grundschulzeitschrift, 21 (2007) H. 204, 22–25.

Kohl, Eva Maria/Ritter, Michael (2018): Schreibszenarien. Wege zum kreativen Schreiben in der Grundschule. Seelze-Velber.

Köller, Wihelm (1983): Funktionaler Grammatikunterricht. Tempus, Genus, Modus: Wozu wurde das erfunden? Baltmannsweiler.

Kruse, Gerd (2010): Das Lesen trainieren: Zu Konzepten von Leseunterricht und Leseübung. In: Bertschi-Kaufmann, Andrea (Hrsg.): Lesekompetenz – Leseleistung – Leseförderung. Grundlagen, Modelle und Materialien. Seelze [u. a.], 176–188.

Kruse, Iris (2008): Kinderliteratur und literarisches Lernen. In: Grundschulunterricht Deutsch 55 (2008) H. 3, 4–6.

Kruse, Iris (2011): Kinderliterarischen Geschichten in verschiedenen Medien begegnen. Ein intermediales Lektüreprojekt zu Astrid Lindgrens „Mio, mein Mio". In: Grundschulunterricht Deutsch 58 (2011) H. 1, 27–34.

Kruse, Iris (2013): „Kassiopeias Panzer leuchtet" Schreiben zu intermedialen Lektüreerfahrungen mit dem Medienverbund um Michael Endes Momo. In: Ritter, Alexandra/Ritter, Michael/Schulz, Norbert/Wunderlich, Eva (Hrsg.): Poetische Spielräume für Kinder. Literarische Erfahrungen und sprachliche Produktivität. Baltmannsweiler, 75–88.

Kruse, Norbert/Ritter, Michael (2015): Deutschunterricht in der inklusiven Schule. Gemeinsam verschieden – Lernen in heterogenen Lerngruppen. In: Grundschulunterricht Deutsch 62 (2015) H. 1, 4–8.

Kultusministerkonferenz (KMK)(2004): Bildungsstandards im Fach Deutsch für den Primarbereich. München.

Lenhard, Wolfgang (2013): Leseverständnis und Lesekompetenz. Grundlagen – Diagnostik – Förderung. Stuttgart.

Lenhard, Wolfgang/Lenhard, Alexandra/Schneider, Wolfgang (2018): ELFE II. Ein Leseverständnistest für Erst- bis Siebtklässler – Version II. Göttingen.

Leßmann, Beate (2011): Vom roten Faden zum Textgewebe. Mit der „Text-Hand" eigene Texte bedenken, überarbeiten und planen lernen. In: Grundschulunterricht Deutsch 58 (2011) H. 3, 24–29.

Leßmann, Beate (2013): Individuelle Lernwege im Schreiben und Rechtschreiben. Ein Handbuch für den Deutschunterricht. Heinsberg.

Manguel, Alberto (2000): Eine Geschichte des Lesens. Hamburg: Rowohlt.

May, Peter (1995): Kinder lernen rechtschreiben: Gemeinsamkeiten und Unterschiede guter und schwacher Lerner. In: Balhorn, Heiko/ Brügelmann, Hans (Hrsg.)(1995): Rätsel des Schriftspracherwerbs. Neue Sichtweisen der Forschung. Lengwil, 220–229.

May, Peter (2002): Diagnose orthografischer Kompetenz. Zur Erfassung der grundlegenden Rechtschreibstrategien mit der Hamburger Schreibprobe. Hamburg.

May, Peter (2008): Diagnose der orthografischen Kompetenz – von der HSP zu schreib.on. In: Hasselhorn, Marcus/Schneider, Wolfgang/ Marx, Harald (Hrsg.): Diagnostik von Rechtschreibleistungen und -kompetenz. Tests und Trends. Band 6. Göttingen: Hogrefe.

Merklinger, Daniela (2012): Schreiben lernen durch Diktieren: Theoretische Grundlagen und Praxisbeispiele für Diktiersituationen. Berlin.

Messmer, Roland (2014): Denken Lehrpersonen anders als Didaktiker/innen schreiben? In: Pieper, Irene/Frei, Peter/Hauenschild, Katrin/Schmidt-Thieme, Barbara: Was der Fall ist. Beiträge zur Fallarbeit in Bildungsforschung, Lehramtsstudium, Beruf und Ausbildung. Wiesbaden, 59–74.

Morek, Miriam (2013): Erzählkreise: Narrativ eingebettete Erklärsequenzen als authentische Gesprächsanlässe im Unterricht. In: Becker, Tabea/Wieler, Petra (Hrsg.): Erzählforschung und Erzähldidaktik heute. Entwicklungslinien – Konzepte – Perspektiven. Stauffenburg, 73–95.

Munske, Horst Haider (2005): Lob der Rechtschreibung. Warum wir schreiben, wie wir schreiben. München.

Nadler, Friedrich (1897): Ratgeber für Volksschullehrer. Langensalza [EA 1889].

Neubauer, Skadi/Kirchner, Sabine (2013): Rechtschreibförderung von Grundschülern unter Berücksichtigung individueller Lernvoraussetzungen: Zwei Evaluationsstudien im Vergleich. In: Didaktik Deutsch 18 (2013) H. 2, 44–61.

Naugk, Nadine (2018): Mündliches Erzählen und konzeptionelle Schriftlichkeit. Zum Gebrauch bildungssprachlicher Elemente in Phantasiegeschichten von Grundschulkindern. Dissertation. Martin-Luther-Universität Halle-Wittenberg. URL: http://digital.bibliothek.uni-halle.de/urn/urn:nbn:de:gbv:3:4-23464 (08.04.2019)

Naugk, Nadine/Ritter, Alexandra/Ritter, Michael/Zielinski, Sascha (2016): Deutschunterricht in der inklusiven Schule. Perspektiven und Beispiele. Weinheim [u. a.].

Peschel, Markus/Irion, Thomas (Hrsg.)(2016): Neue Medien in der Grundschule 2.0. Grundlagen – Konzepte – Perspektiven. Frankfurt/M.

Philipp, Maik (2012): Einige theoretische und begriffliche Grundlagen. In: Philipp, Maik/Schilcher, Anita (Hrsg.): Selbstreguliertes Lesen. Ein Überblick über wirksame Förderansätze. Seelze-Velber, 38–58.

Postman, Neill (1983): Das Verschwinden der Kindheit. Frankfurt/Main.

Quasthoff, Uta M. (2009): Entwicklung der mündlichen Kommunikationskompetenz. In: Becker-Mrotzek, Michael (Hrsg.): Mündliche Kommunikation und Gesprächsdidaktik. Baltmannsweiler, 88–105.

Rabkin, Gabriele (2010): Family Literacy. In: Grundschulunterricht Deutsch 57 (2010) H. 4, 24–27.

Richter, Karin/Plath, Monika (2005): Lesemotivation in der Grundschule: empirische Befunde und Modelle für den Unterricht. Weinheim.

Ritter, Alexandra (2013): Vom Buch zum Buch. Bilderbuchbaumuster für das eigene Schreiben. In: Jantzen, Christoph/Klenz, Stefanie (Hrsg.): Text und Bild – Bild und Text. Bilderbücher im Deutschunterricht. Stuttgart, 50–55.

Ritter, Alexandra (2017): Bilderbuchlesarten von Kindern. Neue Erzählformen im Spannungsfeld von kindlicher Rezeption und Produktion. Baltmannsweiler.

Ritter, Alexandra/Ritter, Michael (Hrsg.) (2012): Schreibkompetenz und Schriftkultur. Ein Lese- und Arbeitsbuch. Frankfurt/Main.

Ritter, Alexandra/Ritter, Michael (2013): Sichtungen im Schnipselgestrüpp. Einblicke in ein Forschungsprojekt zur (Re-)Konstruktion von (literarischen) Sinnstrukturen bei der Rezeption von Bilderbüchern in pädagogischen Kontexten. In: Kruse, Iris/Sabisch, Andrea: Fragwürdiges Bilderbuch. München, 125–136.

Ritter, Michael (2008): Wege ins Schreiben. Eine Studie zur Schreibdidaktik in der Grundschule. Baltmannsweiler.

Ritter, Michael (2010): Kreatives Schreiben – eine Herausforderung für alle Kinder?! In: Bartnitzky, Horst/Hecker, Ulrich (Hrsg.): Allen Kindern gerecht werden. Aufgaben und Wege. Frankfurt/Main, 266–275

Ritter, Michael (2015): Schreibkultur und Schreibdidaktik. Zu einer Neufassung des Schreibkompetenzbegriffs. In: Grundschule aktuell 33 (2015) H. 132, 6–11.

Ritter, Michael (2016): Sprache von Format – Gerüste für vielfältiges Lernen. Literarische Baumuster als Strukturierungshilfe für den inklusiven Deutschunterricht. In: Literatur im Unterricht 17 (2016) H. 1, 12–26.

Ritter, Michael/Hennies, Johannes (2014): Ich bin der Schatten, der durch die Dunkelheit schwebt... Identitätsarbeit im inklusiven Literaturunterricht – ein Beispiel. In: Sache – Wort – Zahl 42 (2014) H. 146, 10–15.

Rösch, Heidi (Hrsg.)(2003): Deutsch als Zweitsprache. Sprachförderung: Grundlagen – Übungsideen – Kopiervorlagen. Braunschweig.

Rosebrock, Cornelia (1995): Literarische Sozialisation im Medienzeitalter. Ein Systematisierungsversuch zur Einleitung. In: Rosebrock, Cornelia (Hrsg.): Lesen im Medienzeitalter. Weinheim [u. a.], 9–30.

Rosebrock, Cornelia (2010): Anforderungen von Sach- und Informationstexten; Anforderungen literarischer Texte. In: Bertschi-Kaufmann, Andrea (Hrsg.): Lesekompetenz – Leseleistung – Leseförderung. Grundlagen, Modelle und Materialien. Seelze [u. a.], 50–65.

Rosebrock, Cornelia/Nix, Daniel (2015): Grundlagen der Lesedidaktik und der systematischen schulischen Leseförderung. Baltmannsweiler.

Rosebrock, Cornelia/Nix, Daniel/Rieckmann, Carola/Gold, Andreas (2017): Leseflüssigkeit fördern. Lautleseverfahren für die Primar- und Sekundarstufe. Seelze.

Scheerer-Neumann, Gerheid (2003): Rechtschreibschwäche im Kontext der Entwicklung. In: Naegele, Ingrid/Valtin, Renate: LRS in den Jahrgangsstufen 1 – 10. Handbuch der Lese-Rechtschreibschwierigkeiten. Weinheim [u. a.], 45-65.

Scheiblhuber, Alois Cl. (1919): Was Kinder gern Schreiben. Aufsätze für die Unterstufe. Nürnberg.

Schramm, Karen/Mempel, Caterina/Buchwald, Ditte/Heindel, Sebastian/Rüthling, Katrin (2011): Mündliches Erzählen im Grundschulunterricht anhand von deskriptiven Unterrichtsanalysen. In: Apeltauer, Ernst/Rost-Roth, Martina (Hrsg.): Sprachförderung Deutsch als Zweitsprache. Von der Vor- in die Grundschule. Stauffenburg, 87–102.

Schründer-Lenzen, Agi (2013): Schriftspracherwerb. Wiesbaden.

Sennlaub, Gerhard (1998): Spaß am Schreiben oder Aufsatzerziehung? Stuttgart.

Siebenhüner, Sabine (2000). Lernstörungen und Bildungsmangel – Hintergründe und Überwindungsmöglichkeiten. In: Siebenhüner, Gerda/Siebenhüner, Hartmut (Hrsg.): Man muß viel lernen, um ein Mensch zu sein. Tiefenpsychologischen Beiträge zur Theorie und Praxis von Lernen und Lehren. Würzburg, 239–250.

Spinner, Kaspar H. (1994): Anstöße zum kreativen Schreiben. In: Christiani, Reinhold (Hrsg.): Auch die leistungsstarken Kinder fördern. Berlin, 46–60.

Spinner, Kaspar H. (2006a): Literarisches Lernen. In: Praxis Deutsch 33 (2006) H. 200, 6–16.

Spinner, Kaspar H. (2006b): Kann man Leseleistung messen? In: Bartnitzky, Horst (Hrsg.): Lesekompetenz. Ein Lese- und Arbeitsbuch. Frankfurt/Main, 146–163.

Spinner, Kaspar H. (2010): Methoden des Literaturunterrichts. In: Ulrich, Winfried (Hg.): Deutschunterricht in Theorie und Praxis (DTP) 11/2: Lese- und Literaturunterricht, Baltmannsweiler, S. 190-242.

Spitta, Gudrun (1989): Schreibkonferenzen. In: Die Grundschulzeitschrift 3 (1989) H. 30, 5–9.

Spitta, Gudrun (1998): Freies Schreiben – kurzlebige Modeerscheinung oder didaktische Konsequenz aus den Ergebnissen der Schreibprozessforschung? In: Spitta, Gudrun (Hrsg.): Freies Schreiben – eigene Wege gehen. Lengwil, 18–42.

Steinig, Wolfgang/Betzel, Dirk/Geider, Franz Josef/Herbold, Andreas (2009): Schreiben von Kindern im diachronen Vergleich: Texte von Viertklässlern aus den Jahren 1972 und 2002. Münster.

Topalović, Elvira/Standke, Jan (Hrsg.)(2019): Deutschdidaktik 2000–2018. Debatten – Entwicklungen – Perspektiven. Themenschwerpunkt. In: Mittelungen des Deutschen Germanistenverbandes. 66 (2019) H. 1.

Topalović, Elvira/Uhl, Benjamin (2014): „In der Gegenwart erzählen wir im Präsens!“ Wie die Tempora des Deutschen vermittelt werden. In: Die Grundschulzeitschrift 28 (2014) H. 277, 42–45.

Undeutsch, Udo (1966): Die psychische Entwicklung der heutigen Jugend. München.

Valtin, Renate (2006): Der medizinische Ansatz der Legasthenie und seine Problematik. In: Hofmann, Bernhard/Sasse, Ada (Hrsg.): Legasthenie. Lese-Rechtschreibstörungen oder Lese-Rechtschreibschwierigkeiten? Theoretische Konzepte und praktische Erfahrungen mit Förderprogrammen. Berlin, 44–59.

Wardetzky, Kristin (2010): Schwimmen lernen. In: Die Grundschulzeitschrift 24 (2010) H. 231, 44–47.

Weinert, Franz E. (Hrsg.)(2001): Leistungsmessungen in Schulen. Weinheim [u. a.].

Weinhold, Swantje (2006): Entwicklungsverläufe im Lesen- und Schreibenlernen in Abhängigkeit verschiedener didaktischer Konzepte. In: Weinhold, Swantje (Hrsg.): Schriftspracherwerb empirisch. Konzepte – Diagnostik – Entwicklung. Baltmannsweiler, 120–148

Wildemann, Anja (2015): Heterogenität im Sprachlichen Anfangsunterricht. Von der Diagnose bis zur Unterrichtsgestaltung. Seelze.

Wittgenstein, Ludwig (1921): Tractatus Logico-Philosophicus. URL: http://tractatus-online.appspot.com/Tractatus/jonathan/D.html (25.04.2019).

Ziesmer, Marion (2011): Die entfesselte Sprache: Fallstudien zum poetischen Erleben von Kindern aus Einwandererfamilien. Baltmannsweiler.